野生化するイノベーション

日本経済「失われた20年」を超える

清水 洋

新潮選書

はじめに――野生化するイノベーション

イノベーションが野生化しています。

イノベーションについての研究が蓄積されるようになって一〇〇年以上が経ちました。そこでの一番の発見はおそらく、イノベーションには経験的なパターンが見られるということです。既存のパターンを打ち破るのがイノベーションですから、それにパターンがあると言うとおかしいと思う人もいるかもしれません。しかし、イノベーションを集めてみると、そこにはあるパターンが見られるのです。

私は、そのパターンにはまるで野生動物のような側面があると考えています。イノベーションは生物ではなく人工物なので、もちろん「イノベーションが野生化する」というのは、メタファー（隠喩）です。[1] 本書で野生化というメタファーを使って光を当てたいのは、イノベーションやそのタネである新しいアイディアや技術は、人間のコントロールを超えて、あたかも生きているようにビジネス・チャンスに向かって動き出していくという側面です。

さて、忙しい人も多いはずですし、早く結論を聞かせろというせっかちな人も多いでしょう。本書の内容をざっと先取りすれば、次の三つにまとめられます（むかしはなんでも三つにまとめるのが流行っていましたが、最近は三つでは多すぎるようで、学界でも「重要なポイントは次の二つです」というまとめが多くなってきている気がします）。

1. イノベーションには一定の「習性」がある。

つまり、偶然に頼るだけではなく、「イノベーションを起こしやすくする方法」があるということです。ここで言う「習性」とは経験的に見られる規則性です。環境に手を加えれば、「繁殖」しやすくなります。

2. イノベーションはチャンスを求めて自由に「移動」する。

つまり、イノベーションを「自らの手元で飼いならす」のは難しいのです。無理に飼いならそうとすれば、本来の性質が失われてしまいます。(2)

3. 流動性が高まると、イノベーションの「破壊的な側面」が強くなる。

つまり、イノベーションだけを追求していくと、「野蛮な社会」になってしまうかもしれないということです。このイノベーションに伴う破壊に、どうやって上手く対応していくかを考えることが、本書の重要なポイントとなります。

私が「野生化するイノベーション」というメタファーに込めた意味を、少し想像していただけたでしょうか。もちろん、これだけではピンと来ないかもしれません。これから詳しく説明していきますので、ご安心ください。ここでは、これまでのイノベーション研究を基に得られた暫定的な結論が「イノベーションを起こしやすくする方法は分かったけれど、それを追求していけば、誰もがハッピーな世界になるのかと言えばそうでもなく、調整を上手くしなければ、かえって人々が享受できる果実が減ったり、望まないような結果になってしまうかもしれない」という、多元的なジレンマ（トレードオフと言ったりもします）を孕《はら》んだものであるということを、頭の片隅に入れておいていただければと思います。

ちなみに、ジレンマと言えば、経営学に詳しい人であれば、「イノベーションのジレンマ」という言葉を聞いたことがあるかもしれません。一九九七年にハーバード大学のクレイトン・クリステンセンが提唱したものです。もう少しイノベーションに詳しい人は、ウィリアム・アバナシーの「生産性のジレンマ」の方を思い起こされると思います。本書でも後ほど詳しく解説しますが、私が「野生化」というメタファーで表したいジレンマは、それだけではありません。彼らは個別企業の競争力という視点から見たジレンマの存在を指摘したのですが、イノベーションを社会的に考えてみると、そこには二重、三重のジレンマがあるということを説明していきたいと思います。

本書は、イノベーションをヒト・モノ・カネといった経営資源の流動性という観点から考えるものです。もう少し具体的に言うと、イノベーションにはどのようなパターンがあるのか、流動性が高まっていくとそのパターンはどのように変わるのか、そして、流動性が高まるときに、私たちはどのようなポイントを考えていかなければならないのかを、野生化というメタファーとともに考えていきます。

＊　＊　＊

本書は、イノベーションの思考法を提示したり、世界のベスト・プラクティスを紹介したりする、いわゆる「ハウツー本」ではありません。企業家が自分の起こしたイノベーションの経験談を語るものでもありません。私は研究者ですので、これまで蓄積されてきたイノベーションについての学術的な研究を中心に論じていきます。私の専門は経営学ですが、本書には経済学や社会学、歴史学の研究成果も多く出てきます。イノベーション研究はとても学際性豊かなのです。ぜひ最先端のイノベーション研究の知見を楽しんでいただければと思います。

本書は、三つの部に分かれています。第一部では、イノベーションの基本的な特徴について見ていきます。ここは「基本」なので、経営学に詳しい人にとっては既知の情報が多いと感じられるかもしれません。その場合は読み飛ばしていただいても構いませんが、ここでイノベーションとはそもそもどのような現象なのかをしっかり押さえておくことは、後半の議論を深く理解するために必要となりますので、初めての方にも分かりやすいように丁寧な説明を心掛けました。第二部では、日本のイノベーションの特徴について考えていきます。一九九〇年代に「失われた二〇年」と呼ばれる低成長時代に入ってしまったのは、イノベーションの停滞が原因なのでしょうか。また、日本ではなぜラディカルなイノベーションが少ないのかについても考えてみたいと思います。これについては、日本人の創造性が足りないからだとか、出る杭を打つ文化があるからだなどとよく言われていますが、それは本当でしょうか。第三部では、「野生化」という視点から、これからの日本のイノベーションを考えていきたいと思います。イノベーションを追求していく上で、私たちはどのような点に注意していかなければならないのでしょうか。一緒に考えていきましょう。

本文中に登場する人物の肩書・所属組織等は、
原則として論文や書籍発表当時のものです。

野生化するイノベーション　目次

野生化するイノベーション

日本経済「失われた20年」を超える

序章　あなたがスレーターだったなら旅立ちますか

新天地に向かう農夫

一七八九年九月一三日、イギリスのダービーシャー州ベルパーという街に生まれた一人の農夫がニューヨークに渡ろうとしていました。彼は、独立自営農民の家の八人兄弟の五人目に生まれたサミュエル・スレーターという二一歳の若者です。彼の家はヨーマンと呼ばれた階層で、自ら土地や農具などを所有するようになった自営農です。一四世紀から一五世紀にかけて封建的な土地所有が解体されるなかで、それまで領主が所有する土地や農具に縛られていた農民たちの生活は自由になっていたのです。

自由になったのは良いのですが、経済的な格差も広がりました。富めるものは自らの土地を貸したり、工場の経営者となり、貧しいものは自分で細々と農業を行うか、工場での賃金労働者となっていったのです。

スレーターの家は特別に貧しいわけではありませんでしたが、その暮らしぶりは裕福と言えるものではありませんでした。サミュエルは学校で英作文や数学などの教育を受けた後、一〇歳から働いていました。一四歳の時には父親が亡くなり、サミュエルは年季奉公することとなりました。

その彼が、二一歳になった時、新しいチャンスを夢見て、新天地へ旅立とうとしていたのです。彼は、その後、「アメリカの産業革命の父」と呼ばれるようになりました。ただの農夫ではなかったのです。ただの農夫ではないというのは、「普通の人より頑張った」とか「才能があった」という意味ではありません。本当に農夫ではなかったのです。

サミュエル・スレーターが年季奉公をしていたのは、ジュデディア・ストラットという企業家が経営する工場でした。ストラットはリチャード・アークライトが発明した水力紡績機を導入し、紡績工場を経営していました。当時、アークライトの水力紡績機は、産業革命により世界の工場となっていったイギリスの中でも、最新鋭のものです。つまり、世界の最新の設備です。スレーターは、そこでストラットから紡績機の設計や作り方、動かし方、また工場の運営のノウハウなどを徹底的に学んだのです。

そんなスレーターが、農夫としてアメリカに渡ったのです。なぜでしょう。紡績に未来を感じなくなったからとか、農業に新しい未来を見出したからというわけではありません。農夫を装わなければ、海外に出られなかったのです。

「裏切り者」か「産業革命の父」か

当時、アメリカでも繊維産業が機械化によって立ち上がろうとしていました。しかし、技術力が乏しく、なかなか上手くいかなかったのです。新しい機械の導入もそれほど進んでいませんでした。さらに、導入したとしても上手く動かすことができなかったのです。工場の運営のノウハウもありませんでした。そのため、アメリカの企業家は、新聞広告で、イギリスの繊維産業の知識を持っている技術者にアメリカに渡ってくるよう勧誘するようになったのです。

当時のイギリス政府は、自国の繊維産業の競争力を維持するために、繊維産業で働く人の国外への渡航を禁止していました。機械の輸出や設計図の国外持ち出しなどは厳禁です。知的財産権を保護する特許制度はあったのですが、まだ国際的な枠組みにはなっていませんでした。そのため、国外で模倣されてしまえば、それを取り締まることはできません。だからこそ、繊維産業の知識をもつ人材が海外に出ていくのはご法度だったのです。取り締まっていたのは、政府だけではありません。繊維産業で事業を営んでいる人にとっては、大切な知識が海外に流出しては困ります。だからこそ、同業者も目を光らせていました。

そこで、スレーターは、水力紡績機の設計図や工場のレイアウトなどを丸暗記して、農夫を装ってニューヨークへ向かったのです。設計図が見つかってはアメリカに渡れないばかりか、裏切り者のレッテルを貼られ、ベルパーでは到底生きてはいけません。

ただし、自分のスキルを証明するものは必要です。「産業革命の父」と言っても、当時はまだ年季奉公をしていた若者です。アメリカでは誰にも知られていない存在です。そのため、スレーターは、自分に紡績についての知識があることを示すために、ストラットの工場での年季奉公の契約書を持っていくことにしました。もちろん、それが見つかってしまうと一巻の終わりですから、細心の注意を払い、隠し持ったのです。

農夫として船に潜り込めたスレーターは、一七八九年一一月一八日に無事にニューヨークに到着しました。ほっと一息だったことでしょう。スレーターは自分の知識をロードアイランド州の企業家のモーゼス・ブラウンに売り込みました。隠し持っていた年季奉公の契約書は、アメリカで職を得るのに役に立ちました。ブラウンはスレーターをすぐに登用し、スレーターはロードアイランドのポータケットに最初のアークライト式の工場を作ったのです。[1]その後、スレーターは、次々と工場を建設していきました。アメリカで繊維産業が立ち上がっていったのです。その一方で、イギリスの世界の工場としての競争力は徐々に低下していきました。故郷のベルパーでは、「裏切り者のスレーター（Slater the Traitor）」と呼ばれています。

あなたなら、スレーターのように農夫の変装をしてアメリカに渡ったでしょうか。あるいはイギリスに残って、スレーターのことを裏切り者と呼ぶ人生を送ったでしょうか。

イノベーションは「移動する」

スレーターの例は、本書のテーマである「野生化するイノベーション」をよく表しています。例えば、自由に移動するという点です。野生の動物は基本的にいつも食べるものを探しています。肉食動物は自分の獲物を求めています。草食動物も自分の好きな植物を探しています。食べ物を求めて、本能の赴くままに移動していきます。険しい山や崖、あるいは大きな川や海などの障壁があっても、いつの間にか何とかそれを乗り越えて、新天地でたくましく繁殖していきます。

　イノベーション――もう少し正確に言えば、イノベーションのタネである新しい技術やアイディア（究極的には知識）――も同じです。ビジネス・チャンスの方に向かって自由に動いていきます。もちろん、勝手に動いていくのではなく、人間が介在して動かしていくわけですが、あたかも獲物を求める野生動物のように、どんどんビジネス・チャンスの方へと動いていくのです。

　技術や知識は、ビジネス・チャンスがどこかにないかを常に探っています。いったん生まれた技術は、野生動物と同様に、その移動を制限しようとしてもなかなかうまく行きません。技術は知識を体現したものです。一度、その知識を知ってしまえば、「なかったことにして！」と言っても、そうはいきません。有用なものであればあるほど、その知識は、どんどん広まっていきます。もちろん、技術であれば、特許などの知的財産権で一定期間、独占的に使用することを保証することはできます。しかし、知識自体は公開されます。それが良いものであればあるほど、多くの人がどうにか特許を迂《う》回《かい》する手立てを探すでしょう。

サミュエル・スレーター

　スレーターは良い例です。イギリスで発明された先進的な水力紡績の技術は、イギリスが必死に海外流出を防ごうとしたにもかかわらず、スレーターを介して、アメリカへと渡りました。そして、アメリカでさらに大きな発展を遂げたのです。技術や知識はビジネス・チャンスが大好きです。ビジネス・チャンスがあれば、国境などはすぐに越えていきます。もしもスレーターが大西洋を渡らなかったとしても、すぐに誰か他の人が（あるいは他の方法で）設計図をどうにか持ち出していたことでしょう。逆に言えば、いくら優れた技術や良いアイディアであったとしても、ビジネス・チャンスの方に自由に動いていけなければ、それはじきに死んでしまいます。イノベーションのタネはそこで絶えてしまうのです。

イノベーションは「飼いならせない」

野生化というメタファーで表したいイノベーションの二つ目の特徴は、飼いならそうとしてもなかなか上手くいかないという点です。野生の動物を実際に飼いならそうとしたことがある人はそれほど多くないかもしれませんが、これは相当難しいのです。ほとんど無理と言ってもいいぐらいです。

飼いならすというのは、単に飼育すれば良いのではありません。自分たちの役に立つように繁殖させ、やや耳慣れない言葉で言えば「馴致《じゅんち》」するように飼育するということです。つまり家畜化するということです。

もちろん、現在のペットや家畜は、もともと野生動物であったものを人間が手懐《てなず》けていったものですから、不可能ではありません。例えばヒツジは、中央アジアを中心として生息している大きな角が特徴のムフロンという偶蹄類の中でも、比較的気質の穏やかな個体をベースとして、家畜化したものです(2)。野生の動物を人間の生活に都合の良いように変化させていく試みがなされてきたのです。

しかし、上手く飼いならせる動物はかなり限られています。人類史における無数の試みに照らせば、「ほとんど無理」だったのです。もちろん、すべての動物が家畜化の対象であったわけではありません。餌の準備が大変な肉食動物や、気性の荒いもの、交配（や成育）が難しいもの、あるいは成長の遅いものなどは家畜化しても経済的ではありません。実際、家畜化の候補となりうる草食性あるいは雑食性の大型の哺乳類で陸生の動物は一四八種であり、人類の歴史の中で実際に家畜化されたのはわずか一四種だけです(3)。

上手く飼いならせたとしても、その性質は野生の時とは異なるものになります。家畜化の場合は、人間にとって有用になるように野生種を品種改良していきます。役に立ちそうな個体（多くの場合、食用や使役用として）を選抜し、それを飼育し繁殖させていくわけです。

また、家畜化までいかなくても、人間に飼育されている動物も、野生種とは性質が異なってきます。彼らは、自由には動き回れません。多くの場合、その移動は目が届く安全な範囲に制限されています。捕食者に食べられてしまう心配も減りますから、危機察知能力が鈍り、のんびりしていきます。野生のキリンは立ったまま寝ますが、動物園では座って寝るキリンも珍しくありません。食事も定期的に与えられますので、餌を探す能力も退化していきます。本来の能力を失わせずに、野生種を飼いならすのは至難の業《わざ》なのです。

野生動物と同じように、イノベーションも飼いならす（管理する）ことが難しいものです。経営学に、「イノベーション・マネジメント」という領域があります。文字通り、イノベーションをどのように管理（マネジメント）するかを研究しているのですが、研究が進めば進むほど、なかなか思い通りにいかないということが分かってきました。人の手でコントロールしようとすると、イノベーションはダメになってしまったり、性質が変化してしまったりするのです。

イノベーションは「破壊する」

三つ目の特徴は、破壊するという側面です。山に食べ物がなくなってくると、サルやシカ、あるいはクマが食べ物を求めて民家の近くに降りてきます。農家の人がいくら一生懸命育てた農作物であろうが、「できるだけ破壊しないでおこう」などといった配慮はまったくしてくれません。彼らが野放しになっていると人間社会に被害が出てしまうので、障壁を作ったり、駆除したりすることもあります。

イノベーションも人間社会を破壊します。最新の水力紡績をイギリス国内にとどまらせようとしたのに、その技術はアメリカやフランスなどに渡ってしまい、競争力の低下したイギリスの繊維産業は壊滅的なダメージを受けました。イギリスだけではありません。最新の紡績機は、最終的にはインドの家内制手工業までも破壊したのです。

最近ではUberなどの自動車配車ウェブサイトあるいは配車アプリのビジネスを展開している企業があります。Uberが入ってくると、いろいろなところに影響が出るでしょう。タクシー運転手の賃金は下がるでしょうし、職を失う人も出てくるかもしれません。それだけではありません。ロンドンやニューヨークのように、渋滞の緩和のためにタクシーの乗り入れを制限しているところもあります。その規制に当てはまらないUberが参入してくると、ますます渋滞はひどくなってしまうでしょう。さらに運転技術が未熟なドライバーの参入が増えると、事故も増えてしまうかもしれません。このような懸念があるために、Uberを実質的に入れないようにしている国や自治体も少なくありません。

このようにイノベーションには、野生動物と同じように「破壊する」という側面があります。もちろん、破壊ばかりしているわけではありません。イノベーションには創造的な側面があります。これが何より大切です。経済の生産性を押し上げ、経済成長をもたらします。企業にとっては競争力の源泉になりますし、われわれの生活を便利にしてくれます。破壊されるのを恐れて、新しい技術やアイディアが入ってこないように壁を作ってしまうと、全体の生産性が上がりません。スレーターがアメリカに持ち込んだ紡績技術は、労働節約的なものです。つまり、それまで多くの人によって担われていたタスクを機械によって代替するものです。もしも、アメリカの繊維産業で働いていた労働者たちが反対し、スレーターが持ち込んだような最新の技術の導入がなされなかったとすれば、アメリカの産業革命はかなり遅れたはずです。

繰り返し起こる「経験的な規則性」

同じ種類の動物でもそれぞれの個体はそれぞれの個性を持っています。しかし、その行動には習性、つまり経験的な規則性がはっきりと見られます。ライオンは群れで生活し、その群れの中で一定の秩序をつくります。オオカミの発情期は、秋から冬と決まっています。リスは、厳しい冬を越すために、秋になると脂肪を蓄えようとします。

植物も同様です。例えば紫陽花《あじさい》は、青や白、ピンクや紫など、七変化と別名がつけられるほど、いろいろな色の花を咲かせます。不思議なことに、同じ株から採ったタネでも植えられた場所によって違う色の花を咲かせます。また、同じ株でも去年と今年とでは咲く花の色が違うことがあります。一見ランダムに見える紫陽花の花の色ですが、じつは一定の規則性があります。紫陽花の花の色は、土壌の酸度と、根が吸い上げる水の量によって決まっているのです。基本的に、土壌が酸性だと花の色が青色系になり、アルカリ性だと赤色系になり、根が吸い上げる水の量によってその度合いが変わります。

一つ一つは個性的で全く違うように見えるものでも、それを集めてみると経験的な傾向が見られるものは、自然界以外でもよくあります。例えば、シェークスピアの『ハムレット』やドストエフスキーの『カラマーゾフの兄弟』、J・K・ローリングの『ハリー・ポッター』シリーズは、それぞれ書かれた時代も違えば、作者の国籍あるいは性別、作品の主題なども大きく異なっています。しかし、その文章で使われている単語を集めて、出てくる頻度の高い順に並べた時、その単語の使われている頻度と順位を掛けると一定になることが経験的に明らかになっています。どの小説でもおよそ一定になるのです。これは、言語学者のジョージ・ジップが発見した規則性であり、「ジップの法則」と呼ばれています。

交通渋滞の発生にも規則性があります。下り坂から上り坂に変わるところでは渋滞が発生しやすくなります。上り坂になったところで運転手が気づかない間に速度が低下してしまうことがあり、そうすると、後続車との車間距離が短くなるため、後続のクルマはブレーキを踏みます。そのブレーキのランプによって、次々と連鎖的にブレーキが踏まれ、その結果、渋滞が起こってしまうのです(4)。

イノベーションには「パターンがある」

イノベーションにも経験的なパターンが見られます。「はじめに」でも書いたように、既存のパターンを打ち破るものがイノベーションですから、そこにパターンがあると言われると、違和感を抱く人もいるかもしれません。

実際、これまでの経済学や経営学では、イノベーションは外生的に扱われてきました。外生的というのは、文字通り、外で生まれるという意味です。やや専門的に言えば、モデルの外で決まっていると考えられる要因――要するに「天から降ってくるもの」というイメージです。つまり、イノベーションを起こすには、カリスマ性に溢れる企業家、新しい発想ができるエンジニアやデザイナー、あるいは天才的な発想力を持つ科学者の出現が重要だと考えられてきたのです。それらは、結局、個人的な資質ですから、「能力のある企業家や優秀な研究者がそこにいた（なぜかは分からないけれど）」として、外生的に扱われてきたのです。

もしも彼らがイノベーションを生み出しているのだとすれば、イノベーションの出現はランダムになるはずです。そのような企業家や科学者が生まれるのには、おそらく規則性はないはずだからです。しかし、先に述べた通り、イノベーションには経験的なパターンが見られます。

例えば、歴史的に見ると、イノベーションが持続的に生み出されるようになったのは、一八世紀半ばにイギリスで起きた産業革命からです。もちろん、それまでもイノベーションは生み出されてはいましたが、かなり散発的なものでした。さらに、一九世紀後半から二〇世紀にかけてイギリスの製造業では、イノベーションはほとんど見られないようになってしまいました。これらはなぜでしょうか。

優れた企業家や発明家たちが一八世紀半ばのイギリスに突然多く生まれ、一九世紀後半からまた突然生まれなくなってしまったなんてことは、あまり考えられません[5]。これは、企業家や科学者、発明家といった個人の天賦の力だけではイノベーションは起こせないということを示唆しています。

研究者（の多く）はイノベーションという現象について、「なぜだろう」「どのようにして」などといった疑問を持って研究しています。イノベーションがどのような特徴を持っているのか、どのような現象が繰り返し見られるのか、その原因は何かなどを探っています。そして、研究が蓄積されてくるにつれて、それまで「天から降ってくるもの」と外生的に扱われてきたイノベーションが、内生的に扱われるようになってきました。つまり、イノベーションが生み出される原因が明らかになってきたのです。以下、第一部では、これまでのイノベーション研究の成果を振り返ってみたいと思います。

第一部　イノベーションの「習性」を知る

イノベーションはどのような特徴を持っているのでしょう。どのような経験的な規則性があるのかを考えるためには、まずは、どのような現象のことを「イノベーション」と呼んでいるのかを理解する必要があります。その上で、イノベーションが起こるのはどのような環境なのか、またどのような環境では起こらないのかを見ていきましょう。

第一章　イノベーションとは何か

イノベーションについて、最初に光を当てたのはジョセフ・シュムペーター（一八八三―一九五〇年）という経済学者です。彼が創造的破壊（イノベーション）こそが経済成長を導くと主張したのは、二〇世紀初頭です。およそ一〇〇年前です。そこから、イノベーションの研究が進められてきました。さすがに一〇〇年もあると、イノベーションについていろいろなことが分かってきています。まずは、イノベーションとはどういうものなのかについての基本的なポイントを見ていきましょう。

経済的な価値と新しさ

イノベーションと聞いた時に、何を思い浮かべるでしょうか。京都大学の山中伸弥さんがノーベル賞をとった人工多能性幹細胞（iPS細胞）でしょうか。トヨタ自動車のプリウスやアップルコンピュータのiPhoneも出てきやすいでしょう。最近だと、ブロックチェーンや人工知能、自動運転も出てくるかもしれません。ともあれ、多くの人がイノベーションの事例として思い浮かべるのは、何か「新しいもの」ではないでしょうか。

それでは、以下の例はどうでしょう。アメリカ航空宇宙局（ＮＡＳＡ）は、二〇一七年に地球によく似た太陽系の外の七つの惑星を新しく発見しました。演劇ではさまざまな新しい作品が毎年生まれています。毎年一万を超える新種の昆虫が見つかっています。これらは「新しいもの」ですが、イノベーションという印象からはちょっと遠くなるのではないでしょうか。

イノベーションとは、簡単に言えば、「経済的な価値を生み出す新しいモノゴト」です。大切なのは、「経済的な価値」と「新しい」という二つの要素です。

最初のポイントは、「経済的な価値」です。いくら新しさがあったとしても、経済的な価値を生み出していないものもあります。例えば、日本では毎年、数えきれないほどの新しいソフトドリンクが発売されています。しかし、それらの多くは、ほとんど売れずに消えていきます。また、毎年プロアマ問わず数多くの新曲がつくられていて、その中には芸術面での新規性が高いものもありますが、売れる作品はほんの一握りです。新しさがあればイノベーションであるというわけではありません。経済的な価値を生み出しているかどうかが大切なのです。もちろん、われわれが感じる価値の全てを金銭で計ることはできません。売れなくても、人々の心を豊かにするものもあります。経済的に換算できない価値を軽んじているわけではありません。しかし、イノベーションという言葉は、そもそも経済用語で、経済成長をもたらす重要な要素として考えられてきたのです。

もう一つの要素は「新しい」ということです。新しくないのに、経済的な価値を生み出しているものもあります。例えば、政府の規制などで保護されている産業では、利益率などの水準が比較的高くなることが多く見られます。しかし、経済的な価値を生み出しているからといって、そこに新しさがなければ、イノベーションとは呼びません。

ここで、「どのくらいの経済的な価値を出せば良いのだろう」、あるいは「どの程度新しければ良いのだろう」といった疑問が浮かんでくるでしょう。本書でこれから見ていくように、イノベーションにも種類はいくつかあるのですが、生み出す価値の大きさや新しさの程度にはあまり厳密な定義はされていません。あくまで相対的なものなのです。

「経済的な価値」についての定義はもちろんあります。それは、やや堅苦しい言い方になりますが、「社会的な総余剰を増やすもの」です。社会的余剰というのは、消費者や企業が取引を行い、そこから得られる便益からそれを生み出すのにかかったコストを引いたものです。それを増やそうと思えば、ものすごく簡単に言うと、便益を増やす（需要曲線を上方にシフトさせる）か、生産性を上げる（供給曲線を押し下げる）か、あるいはその両方をすれば良いのです。それらを可能にする「新しいモノゴト」がイノベーションなのです。

エジソンの投票機の挫折

イノベーションは技術革新と捉えられることも少なくありません。イノベーションは、インベンション（発明）とよく混同されます。例えば、特許を取ったような技術はイノベーションだと思われがちです。確かに特許化されたものには、技術的な新しさが必ずあります。特許は、発明に新規性や進歩性がなければ、門前払いになるか、審査の段階で落とされてしまいます。しかし、特許を取った技術でも、経済的な価値を生み出していないものはたくさんあります。むしろ、特許のうちで、実際に経済的な価値の源泉になっているものはごくわずかです。つまり、技術的な新しさがあればインベンションにはなりますが、経済的な価値を生み出していなければ、イノベーションとは言えないのです。

例えば、発明家のトーマス・エジソンはアメリカで一〇九三もの特許を取得していました。彼はアメリカだけでなく、さまざまな国で特許を取得し、その数は合計で二三三二となっています。しかし、それらが全て経済的な価値を生み出したわけではありません。エジソンの発明の中の有名なものとして、電気投票集計機があります。これは、議会での投票を自動的に行えるシステムでした。議員がわざわざ投票箱まで行かなくても、賛成や反対の票を投じられ、しかもそれが自動的に集計されるのです。素晴らしい発明に思えますが、この技術は採用されませんでした。なぜでしょう。この投票機が導入されてしまうと、牛歩戦術がとれなくなってしまうからです。牛歩とは、投票の時に議長席までの歩みをわざと牛のように遅くして、時間切れを狙う議会の戦術です。エジソンのこの発明自体は優れたものだったのですが、議員側の需要にはマッチしていなかったため、経済的な価値を生み出さなかったのです。技術的な新規性や進歩性があったとしても、経済的な価値を生み出すとは限りません。

イノベーションは、新しい科学的な発見とも違います。科学的な発見は、公共財として、わたしたちの生活を幅広く支えています。また、科学の進展がビジネスに直結するサイエンス型の産業であればあるほど、科学的な発見は経済的な価値を生み出すための重要な要素となります。しかし、重大な科学的発見であればそれがすぐに経済的な価値を生む（社会的な余剰を増加させる）とは限りません。

発明や科学的な発見は、将来のイノベーションの重要なタネです。そのようなタネから、いかに経済的価値を生み出していくかが重要です。これが、イノベーションを創るということです。そして、これこそが企業の重要な社会的な機能であり、その力が問われるところです。

なぜ破壊が必要なのか

イノベーションのない世界を想像してみてください。イメージ的には、産業革命以前の暮らしです。陸上で最も早い移動手段は馬です。畑を耕すのも、脱穀するのも馬です。衣服は洗濯板で洗いますし、電話やクーラーはもちろんありません。薬や医療機器も十分でなく、平均寿命は三〇代後半です。屋内の配管もなく、水を汲んだり、汚水を流したりするのに一日の時間の多くを費やしていたのです。少し考えただけでも、イノベーションがいかに私たちの生活を便利にしているのかが分かります。

ただし、良いことばかりではありません。イノベーションには、「破壊する」という側面があります。こう言うと、「いや、必ずしも破壊を伴わないイノベーションもあるのではないか」と疑問に思う人もいるでしょう。しかし、イノベーションは既存のモノゴトを破壊せずにはいられません。その影響については、第三部で詳しく見ていきますが、ここではイノベーションが破壊しないといけない理由を少し考えてみましょう。

少々回りくどいですが、まずは市場メカニズムと呼ばれているものから考えてみましょう。私たちが、何かを買いたい（あるいは売りたい）と思ったら、まず考えるのは、やはり価格と品質です。いくら欲しいものであったとしても、高すぎると判断すれば買いません。安くても、品質が悪すぎると思えば買わないでしょう。

競争にさらされている企業は、自社の製品やサービスの価格が高くて売れない、または品質が悪くて売れないと思えば、価格を下げたり、品質を上げたりします。あるいは、そのままの価格で売れるように、販売促進努力をする企業もあるでしょう。もしも、ライバル企業よりも質の良い製品やサービス、あるいは安価な製品やサービスを提供できなければ、その企業は市場から撤退せざるを得ません。市場で生き残るためには、企業は人々が望む製品やサービスを提供し、生産性を上げなければなりません。厳しい競争です。

このプロセスを経て、需要と供給が価格を媒介にして調整されます。これが市場メカニズム（あるいは価格メカニズム）と呼ばれているものです。このメカニズムは、人々が望む領域に経営資源を配分していくのに効率的なものです（もしかしたら他にもっと良いやり方があるかもしれませんが、現段階ではこれより効率的な方法は見つかっていません）。

効率的に資源配分の調整がなされていくと、均衡状態になっていきます。バランスがとれてくるのです。バランスがとれてくればくるほど、誰もそれを大きくは変えようとしなくなります。

多くの人がそれで満足するようになるわけです。そうなると、漸進《ぜんしん》的な改良はあるものの、全体のやり方を大きく変えるような変革はなくなっていきます。

しかし、いつまでも同じやり方に満足していると、不都合なところも徐々に出てきます。消費者の好みも変わってくるでしょうし、生産に必要な財の価格も変わるでしょう。既存のやり方を続けていると、誰もがそのやり方を真似るようになり、企業は利益を出しにくくなるでしょう。生産性の上昇も徐々に低減してきます。

だからこそ、そのような均衡状態をあえて壊す必要が出てきます。既存のやり方を破壊して、新しく創造することが必要であり、これをシュムペーターはイノベーションと定義したのです。そして、既存のやり方を創造的に破壊するイノベーションを実現する人物を、企業家（アントレプレナー）と呼んだのです。

イノベーションは経済成長の重要な源泉の一つです。もちろん、経済的な豊かさだけを追求することに意味はありません。しかし、社会問題などを解決して、暮らしやすい社会を構築するためには、ある程度の水準以上の経済成長が大切な役割を果たします。経済成長が制限されている場合には、社会問題を解決するための元手が小さくなってしまうので、再分配をめぐる交渉（民主主義であれば政治のプロセス）が非常に難しくなり、そのプロセスに大きなコストがかかってしまいます。そのためにも、経済成長をもたらすイノベーションが大切になります。

馬が大量に失業する

イノベーションによって新しい製品やサービスが登場すれば、人々の生活は便利になったり、豊かになったりします。しかし、それが既存のやり方を破壊する以上、多かれ少なかれ負の影響を受けるものが必ず出てきます。

計量経済史が専門のカリフォルニア大学デービス校のグレゴリー・クラークは、イギリスで産業革命が起きて蒸気機関が広まったことによって、三二五万頭の馬が「失業」したと試算しています。[1] 紀元前三五〇〇年頃に人間がハミを生み出して以来、馬はわれわれの主力動力源であり続けました。陸上では最速の移動手段であり、耕作や製粉などの作業にも広く活躍していたのです。しかし、蒸気機関が広がっていくと、馬はそれにとって替わられたのです。馬にとっては「失業」は大喜びでしょう。ハミをつけられて働かせられるよりは、のんびりと草を食べている方が良いに決まっています(たぶん)。

しかし、人間の場合にはそうはいきません。イギリスのバーミンガムから北東へ五〇キロほどいったところに、アンスティという街があります。人口は七〇〇〇人ぐらいの小さい街です。この街にネッド・ラッドという編み物職人の青年がいました。一七七九年に、彼は二台の自動靴下編機を大きな怒りとともに思いっきり破壊したのです。ラッドは、機械化した自動編機の登場によって自分の職が奪われると考え、機械を憎み、打ち壊したのです。

これがイギリスの他の街にも広がりました。一九世紀に入ると、多くの労働者が、自動編機などの機械を破壊しだしたのです。ネッド・ラッドは、その運動の中でリーダーとして崇拝されていきました。これは、ラッドの名前をとってラッダイト運動と名付けられました。

この運動は激しさを増したため、イギリス政府は機械を破壊する者を死刑とする法案を整備したほどでした。実は、ネッド・ラッドが実在の人物だったかどうかは定かではありません。また、このラッダイト運動によって、機械の導入がそれほど遅くなったわけではなく、実際にはその効果は限定的なものでした。そもそも、紡績機や紡織機などの自動化技術の登場によって、どれだけの労働者が職を失ったかは正確には分かりません。しかし、自動化された機械によって職を奪われた労働者による破壊運動のインパクトは確かにあったのです。

これは、イノベーションの「破壊」という側面を浮き彫りにする出来事です。既存のモノゴトのあり方を破壊するようなイノベーションが起こると、どうしても、代替されてしまうタスクが出て、失業者が生まれます。そのため、一時的には負の影響が出ます。電話交換機が自動化されたため、電話交換手はいらなくなりました。列車の動力源が蒸気機関から電気に変わると、石炭をくべる機関助手はいなくなりました。生産設備が自動化されるたびに、工場で働く労働者は減っていきます。車の自動運転が普及すれば、職を失うドライバーがたくさんいるかもしれません。人工知能が進化すれば、医師や弁護士でも職を失う人が出てくるかもしれません。このように、イノベーションには破壊される側が存在するのです。

マサチューセッツ工科大学のビジネススクールのエリック・ブリニョルフソンとアンドリュー・マカフィーは、新しい機械の登場とそれに代替される人間の未来を『機械との競争』（Race Against The Machine、二〇一一年）という本で予測し、反響を呼びました。それは、イノベーションを生み出していく側とイノベーションによって代替されてしまう人々との間の格差が広がるという予測です。

同じくマサチューセッツ工科大学の経済学者のダロン・アセモグルとデイビッド・オーターは、アメリカでの経済格差を調べ、大学・大学院卒業の人と、短期大学や高校卒業あるいは高校中退の人たちとの賃金の格差が一九七〇年代から着実に広がっていることを発見しました[2]。衝撃的なのは、大学卒業であったとしても、一九七〇年代から賃金はそれほど伸びていなかったことです。唯一高い伸びを示しているのは、大学院卒の高スキルの労働者です。アメリカでは、スキルの低い労働者がイノベーションに代替され、賃金の伸びが抑制される一方で、イノベーションを生み出すために必要な高スキルの労働者の需要が高まり、彼らの賃金が上昇していったことを強く示唆する結果です。

社会にとっては、このような格差拡大をどのように緩和していくのかが重要なポイントとなります。ただし、イノベーションの破壊的な側面だけを気にし、それが社会に入ってこないようにと壁を高く積み上げていては、社会にはなかなかイノベーションは広まりません。この点はとても大切なので、本書の後半でもう一度考えたいと思います。

インパクトは「じわじわくる」

新しい試みをしようとする時には抵抗がつきものです。反対する人はいつもどこにでもいます。「どうなるか分からない」とか「失敗するかもしれない」、あるいは「現状で何が悪いのか」といった変化に対する心理的な抵抗感が見られます。新しさの程度が大きくなればなるほど、このような抵抗感を多くの人が抱くはずです。

このような変化に対する心理的な抵抗感も深刻ですが、もっと厄介な問題があります。それは、イノベーションの影響は「時間差で現れる」ということです。ただでさえ心理的抵抗が強いところに、この時間差がさらに抵抗を強くしてしまうのです。まず、イノベーションのインパクトはじわじわと現れるという点から考えてみましょう。

イノベーションには、既存のやり方を大きく変革する、まさに「革命」というイメージがあるかと思います。先にも述べた通り、産業革命において、蒸気機関が動力源になっていったために、三二五万頭の馬が「失業」しました。綿工業の機械化により失業の危機にさらされた労働者たちの中には、機械の打ち壊し運動を起こす者もいました。蒸気機関車が走り、人とモノの移動が圧倒的に早くなりました。人々は工場や企業で働くようになりました。産業革命のインパクトは大きく、一瞬にしてわれわれの生活を大きく変えるものであったと捉えられることが少なくありません。

しかし、実際にはそうではなかったのです。もちろん、人類の悠久の歴史から見れば、あっという間の出来事と言えるかもしれません。しかし、実際には産業革命は、非常に長い時間をかけて、ゆっくりと進行したものだったのです(3)。

ジェームズ・ワットは蒸気機関の開発において、一七七〇年代から一七八〇年代にかけて多くの特許を取得しました。しかし、重要な特許が切れた一八〇〇年の段階で、実際に使われていたワットの蒸気機関の数はイギリスでは五〇〇以下、ヨーロッパ大陸ではわずか数十基だったのです[4]。これは、ワットの蒸気機関が未熟だったからです。当時の蒸気機関の熱効率はわずか五%もありませんでした。さらに、一五馬力ぐらいしかなかったのに、重量は大きく、なおかつ故障も頻繁に起こるものだったのです。技術的な新規性は高かったものの、まだ未成熟だったのです。蒸気機関に使われていた金属の強度の不足が課題でした。より軽量で強度の高い金属が開発される必要があったのです。そのためには、応用力学や金属組織学などの進展を待たなければなりませんでした。いくら革新的な製品やサービスであったとしても、その潜在力が最初からフルに活用されるようなものはないのです。

また、イノベーションの効果はさまざまなところに波及していきます。蒸気機関が生み出されてから、イギリスの水車の多くは蒸気機関に置き換わるであろうと考えられていました。しかし、水車の性能が大きく向上したために、実際にはすぐには置き換えられなかったのです。水車に新しい材料(鉄)が用いられたり、より効率的な設計が導入されたりした結果、二五〇以上の馬力を出せる水車も登場しました。一九世紀前半には、フランスで水力タービンが発明されました。蒸気機関が水力と比較して大きくその性能の優位性を確立したのは、一九世紀中頃からです。

電球が登場してくると、それまで支配的だったガス灯にも進歩が見られました。ハイブリッド車が普及してくると、従来のガソリン車の燃費も向上しました。このように、イノベーションの登場によって、既存のモノの生産性が高まる現象は多く見られます。これは「帆船効果」と呼ばれています。イノベーションが起こると、既存のモノゴトは競争圧力にさらされ、生産性が上がるのです。

補完的な技術や制度の整備が必要なことも、イノベーションの普及やその結果としての生産性の向上に時間がかかる理由です。アメリカで電球は一八七九年には利用できるようになっていました。一八八一年までに、ニューヨークやロンドンには発電所ができていました。つまり、この頃までには電力化の素地は整っていたのです。それにもかかわらず、一九〇〇年においても、まだ電化が進行しているという状態ではありませんでした。とくに工場の電化は進んでいませんでした。

スタンフォード大学のポール・デイビッドは、アメリカの工場の動力源の電化（ダイナモの普及）とその結果である生産性の向上に、なぜこんなにも時間がかかったのかに疑問を持ちました。そして、補完的な技術や制度の整備にかなり時間がかかることを発見し、一九九一年に論文で発表したのです(5)。

当時の工場の多くは、蒸気機関を動力源としていました。工場の生産ラインは、一つの巨大な蒸気機関にベルトでつながれており、できるだけ動力のロスがないように、生産ラインは蒸気機関を囲むようにして配置されていました。階数を増やせばそれだけ生産ラインの数を増やせるので、工場の多くは高い建物になっていたのです。

電力のダイナモが最初に登場したときには、先進的な工場の持ち主はすぐにそれを取り入れたのですが、生産性の向上はほとんどありませんでした。なぜかと言えば、生産性を向上させるためには、工場の配置自体を大幅に刷新する必要があったからです。先に説明した通り、当時の工場には多くの階が作られていましたが、電力のダイナモを動力源とした場合には、むしろ工場を一階建てに改造して、モノの移動を最小化するような配置にすることが必要だったのです。

また、ダイナモは小型であり、分散的に配置することができたので、それぞれの生産ラインの責任者がスタートボタンや停止ボタンを都合の良いところで押せました。それまでは大きな蒸気機関一つで全てのラインがつながって動いていたのですが、電力化によってより細かな調整ができるようになったのです。権限と責任を細分化し、細かな分業ができる余地ができたのです。しかし、それができるような能力を身につけた人材はいなかったのです。結局、そのような人材がきちんと供給され、またダイナモに適した工場のレイアウトが整備されるまで、およそ三〇年もかかっていたのです。

「時間差」が抵抗を呼ぶ

このように、イノベーションのポジティブな効果は、長い時間をかけてじわじわと波及します。産業革命のきっかけの一つとなった飛《と》び杼《ひ》の発明からミュール紡績機が出来るまでには、およそ五〇年もかかりました。それらが普及して生産性が向上していくには、さらに多くの年月がかかっています。産業革命で極めて重要な役割を果たした蒸気機関も、先に見たようにその普及には長い時間がかかっています。トーマス・ニューコメンが一七一二年に最初の蒸気機関を発明し、それに改良を加えたワットが一七六九年に新しい蒸気機関をつくっていたにも拘《かかわ》らず、イギリスで蒸気機関が水力や風力を超えるのは一八三〇年から一八七〇年の間でした。その普及に、およそ一〇〇年かかっていたのです。

そして、イノベーションの要件である「経済的な価値」について確認してみると、ロンドン・スクール・オブ・エコノミクスのニック・クラフツの二〇〇五年の試算によれば、イギリスの産業革命で実際にイノベーションの貢献による一人あたりのGDPの伸びが見られるのは、一八〇〇年代に入ってからだったのです。[6]

ここでややこしい問題が起こります。イノベーションの恩恵は、長い時間をかけて社会全体へと浸透していきます。その一方で、イノベーションの「破壊」の側面は、比較的短期間にある特定の人々に強く出るのです。新しいイノベーションが社会に浸透していく過程で、経済的な格差が一時的に大きくなるのもこのせいです。[7] イノベーションの恩恵は人々に実感されにくい一方で、その特定の人々に短期的に集中するコストは深刻なものとして実感されやすくなります。

ネガティブな影響を受ける人は、もちろん、そのイノベーションが浸透することに大きな声で反対します。自分の職がなくなってしまうかもしれない人たちにとっては、イノベーションの恩恵よりもコストの方が遥かに大きいからです。コストを被《こうむ》る人が特定の人に集中すればするほど、その人たちの抵抗は強くなります。

その一方で、恩恵は時間をかけて社会全体に広く薄く拡がっていきます。そのために、どうしても、抵抗運動が先に現れます。しかも、それに対抗してポジティブなキャンペーンを推進しようとしても、恩恵の方は特定の人に集中しにくいため、抵抗運動と比べるとなかなか力のあるものになりません。だからこそ、イノベーションの「時間差」問題は厄介なのです。

イノベーションは「逓増する」

一方、イノベーションは一度軌道に乗りはじめると、加速度的に進んでいく性質があります。イノベーションがイノベーションを生むのです。新しく生み出された知識は、後続の知識の重要なインプットになるからです。これはスタンフォード大学のポール・ローマーらが「内生的成長論」として議論したものです。彼はこの内生的成長論で二〇一八年にノーベル経済学賞（正確にはアルフレッド・ノーベル記念スウェーデン国立銀行経済学賞）を受賞しています。

内生的成長論は、それまでのシュムペーターのイノベーションの考え方とは、イノベーションをドライブする要因の捉え方が違っています。シュムペーターの『経済発展の理論』が発表されたのは一〇〇年以上前の一九一二年ですから、さすがに理論も更新されてきたのです。

先に触れた通り、シュムペーターはイノベーションを起こす人を企業家と考え、彼らの重要性を指摘しました。そこでどうしても説明できなかったのは、イノベーションを起こす企業家の出現でした。企業家を資本主義を動かしていく主人公に設定したのですが、その主人公が、いつ、どこに現れるのかはよく分からなかったのです。だからこそ、序章でも少し指摘したように、「能力のある企業家や優秀な研究者がそこにいた（なぜかは分からないけれど）」として、企業家の存在を外生的に扱わざるを得なかったのです。

しかし、そうすると、イノベーションの発生の時と場所に偏りがあることを上手く説明できないのです。そこでローマーらは知識に注目し、内生的にイノベーションが生み出される理論を提唱したのです。少し詳しく見てみましょう。ここでのキーワードは「収穫逓増」と「知識ストック」です。

ある農地に、一キログラムのタネを植え付けると一トンの作物がとれるとしましょう。この農地に植え付けるタネの量を増やしていくと、そこからとれる作物の量はどうなるでしょうか。二キログラムのタネを植え付けると、二トンの作物がとれるかもしれません。しかし、三キロ、一〇キロ、五〇キロなどと増やしていくとどうでしょう。普通は、タネの量に対してそこからとれる作物の量は、徐々に減ってきます。普通の財（例えば、農業をやる上で重要な農地や、製造業での工場などをイメージしてください）であれば、そこへの投資を進めていくと、得られるものは徐々に少なくなっていくのです。経済学ではこれを収穫逓減（文字通り、収穫がだんだん小さくなること）と言います。

収穫逓増とはこの逆です。収穫がだんだん増えていくのです。知識への投資（例えば、研究開発への投資）の収穫は逓増していきます。知識へ投資を進めていくと、次々と新しい機会が見出されていきます。新しく生み出された知識が、後続の研究開発や新しいビジネス・チャンスの創出にとっての重要なインプットになるからです。そのために、その投資から得られる収穫は逓減せず、むしろ徐々に増えていくのです。

これまで見てきたように、知識は非競合的な性質を持っています。研究開発によって新しい知識が生み出されます。知識は多くの人が同時に使ったとしても目減りしません。企業が発明活動を行えば、多くの場合、特許をとります。特許は発明の独占的な使用権を付与するものです。そのため、特許は、企業が研究開発の成果から得られる利益を獲得する一つの重要な手段です。これによって、企業は新しい技術を生み出すインセンティブを持つことになります。

その一方で、特許権の付与は、発明の内容の公開を条件としています。つまり、そこにあるアイディアを他社も知ることができるのです。他社にとっては、それは今後の研究開発の重要なインプットになります。知識が社会的に蓄積されるのです。知識が蓄積されていくので、（そのままですが）知識ストックと呼ばれています。特許は知識ストックの一つの例です。学術的な論文もそれに当たります。また、企業が自社の研究開発の成果を戦略的に公開しなかったとしても、良い製品であれば、他社は分解（リバース・エンジニアリング）し、学習します。一度、新しい知識が生み出されれば、それを多重利用するのにあまりコストはかかりません。知識ストックが増えれば増えるほど、加速度的にイノベーションが生み出されていくのです。社会における学習がどんどん加速するのです。つまり、イノベーションが次のイノベーションを生むのです。

イノベーションは「群生する」

イノベーションが連鎖するのには、もう一つ理由があります。それは、イノベーションが既存のバランスを壊すことに関係があります。これは、スタンフォード大学のネイサン・ローゼンバーグらが議論してきたものです。彼らは、イノベーションがある特定の地域や時代に群生することに着目しました。

なぜイノベーションは群生するのでしょう。ローゼンバーグらは、市場の拡大や技術の発展によって、市場と技術の間、あるいは技術と技術の間のバランスが崩れるからだと考えたのです。例えば、アメリカでは一八六九年に最初の大陸横断鉄道が開通しました。これによって、それまで東部と南部、そして西部に分断されていた国内市場が統合されたのです。鉄道の開通とともに、電信電話も通じるようになりましたから、モノの流れだけでなく、情報の流れも速くなったのです。しかし、大きな国内市場が誕生したものの、そこに製品やサービスを提供する企業の組織は、大きな市場に対応するような能力を身につけていませんでした。ここに、市場と組織の間のバランスが崩れたのです。大量生産や大量流通の能力を備えた組織を構築すれば儲かるという状況が生まれたのです。このインバランスを解消するために、大量生産や大量流通を可能にする新しい技術やビジネスが次々と生み出されたのです。

イギリスの産業革命でも、このようなインバランスは見られました。きっかけは、一七三三年の発明でした。発明家のジョン・ケイが、後に「飛び杼《とひ》」と呼ばれる手織機用のローラー付きシャトルを発明したのです。これは、それまで二〜三名一組で布を織っていたプロセスを、一人で行うことを可能にするものでした。これによって、布を織る生産性が一気に上がったのです。布を織る生産性が上がると、困ったことが起こりました。布の材料である糸の提供が追いつかなくなったのです。布を織る技術と糸を紡ぐ技術の生産性のバランスが崩れたのです。このことにより、紡糸の生産性を上げることがビジネス・チャンスになったのです。だからこそ、ハーグリーブスのジェニー紡績機やクロンプトンのミュール紡績機など、多くの発明家が競って紡績機を考案していったのです。不均衡を創り出すイノベーションが、次のイノベーションを呼ぶのです。(8)

バランスが崩れているところがチャンスです。

イノベーションを測定する

本章の最後に、イノベーションの測定の仕方について考えてみましょう。測定はモノゴトを理解する上で、大切な要素の一つです。何らかの基準（測定の単位）で対象を測ることが、理解を進める上では大切なステップです。

もちろん、世の中のものは、数量的に測れるものばかりではありません。愛や幸せ、友情、あるいは誠実さ、忠誠心など質的な側面が大きいものや、母性や父性、そして人のアイデンティティなど概念的な定義が定まらないものなどは、測定することがなかなか難しいのです。むしろ、人口や世帯数、企業の売上高などのように測定できるものの方が少ないほどです。また、測定ばかりに目を奪われると、測定できないものは無視して、測定できるものだけを分析しようとしてしまいます。それでは困ります。

イノベーションも測定が難しいのですが、いくつか測り方があります。最も一般的な測り方としては、「全要素生産性（Total Factor Productivity）」と呼ばれるものがあります。ＴＦＰと略して使われることが多いです。一般的と言っても、日常生活ではなかなか耳にすることはないかもしれません。これは、経済成長の原因を、労働の投入量、資本の投入量、そしてイノベーションの三つに分けて考えるものです。「成長会計」とも呼ばれ、国の経済成長の要因を考える時によく使われています（本書の第六章でも使います）。

ただ、かなり大雑把な測定方法であるということを理解しておく必要があります。TFPは、労働と資本の投入量では説明できない成長の部分です。つまり、イノベーションとは言うものの、その内容は残渣《ざんさ》（残りの部分）なのです。残渣ですから、さまざまなものが含まれます。新しい技術が導入された結果も含まれますし、新しい戦略や組織内部の人事評価システムを刷新した結果も含まれるのです。そのため、TFPが上昇したとしても、国レベルで集計した場合、具体的には一体何が要因になっているのかを特定することが極めて難しいのです。

企業レベルでのイノベーションは、さまざまな方法で測定がされています。企業ごとにTFPを測定することもあります。国の場合と同じように、企業のアウトプットの成長を労働、資本、そしてTFPに分けて分析します。しかし、ここでも同じように、TFPが具体的に何なのかはよく分からないままです。

一つ一つの「プロダクト・イノベーション」の効果を測定する方法もあります。その一つはヘドニック分析と呼ばれているものです。企業が新しい製品やサービスを生み出した時は、消費者はより高いお金を支払ってくれる場合があります。そのような場合には、その新しい製品やサービスは、経済的な価値を生み出したということであり、プロダクト・イノベーションと呼ばれるようになります。どのような製品の特性の向上が価格（消費者の支払い意思額）の向上につながったのかを分析することができます。しかし、スペックが明確に規定できるようなもの以外は効果を測定することが難しいという課題があります。

「プロセス・イノベーション」の効果を測定することもできます。同じ製品を作っていたとしても、それを作り出すプロセスにイノベーションが起こった場合には、生産のコストが低くなるはずです。そのため、企業のコストを丁寧に分析すれば、プロセス・イノベーションは測定できます。ただし、プロセス・イノベーションは、多くの場合、非常に小さい改善の積み重ねになるので、一体どの改善が経済的な価値につながったのかを特定するのは簡単ではありません。

それならば、企業の人に直接聞いてみれば良いのではと思う人もいるでしょう。確かにそうなのです。実際に、企業に質問票を送る調査は、「オスロマニュアル」と呼ばれる統一的なやり方にしたがって、多くの国で行われるようになっています。日本でも行われています。これは、企業に、新しい製品を市場に出したのかとか、新しいプロセスを導入したのかなどを直接聞いているので、イノベーションを捉えるには良さそうです。しかし、残念ながら、今のところこの質問票では、その新製品や新工程が客観的にどの程度の経済的な成果に結びついたのかは分かりません。つまり、新しいことを試みてはいるが、成果は出ていないということもあり得るのです。それでは、イノベーションとは言えません。

特許も同じです。イノベーションの測定に使われることも多いのですが、ここにも注意が必要です。特許として成立するためには、審査を受けて、新規性や進歩性があると認められなければなりません。そのため、特許になっているものは、技術的には新しいということになります。しかし、それが実際に経済的な価値につながっているかどうかはなかなか分からないのです。

また、特許になった技術であってもその質はバラバラです。優れたものもあれば、そうでないものもあるのです。技術の質を特許の被引用数（その後の特許に引用された回数）を用いて測定しようとする試みもなされていますが、完璧なものとは言えません。もとより、優れた技術であれば、すぐに経済的な価値につながるとは限りません。個別のイノベーションを測定する（数量的に把握する）ことはかなり難易度の高い作業なのです。

さらに、イノベーションの経済的な成果は、補完的な制度や技術などの存在に大きく依存しています。相互に補完的なのです。これが個別のイノベーションの経済性の測定をさらに難しくします。[9] 白熱電球で考えてみましょう。白熱電球はジョゼフ・スワンやトーマス・エジソンらの発明、改良によって生み出されました。これは、世界中の照明を大きく変えました。しかし、それが社会や経済に与えた影響を測定できるでしょうか。これがなかなか難しいのです。なぜならば、白熱電球が機能するためには、そもそも電気が安定的に供給されなければなりません。発電所で発電し、それを送電し、各家庭へと電気を送るシステムが必要です。消費された電力を測定する仕組みも必要です。そこで使われるそれぞれの技術を改良する必要もあります。課金や代金収集の仕組みも必要です。このような大規模システムを構築するためには、大きな資本を集める制度が不可欠です。このように、多くの技術や制度が補完的に組み合わさってはじめて、白熱電球がその機能を果たします。そのため、白熱電球だけを取り出して、社会や経済に与えた影響を測ることはかなり難しいのです。

今のところ、イノベーションを測定するための、唯一絶対の方法というものはありません。それぞれの測定の仕方がどのような長所と短所を持っているのかを分かった上で、さまざまな角度から多面的に見ていくことが大切になります。[10]

第二章　企業家がなぜ必要なのか

イノベーションを考える上で、企業家（アントレプレナー）が登場しないのは、デンマーク王子が登場しないハムレットのようなものだと言われます。イノベーションを起こす主人公が企業家です。イノベーションにとって重要な存在なのですが、これまでのイノベーション研究の中でも最もよく分かっていない領域でもあります。それでも研究の蓄積とともに徐々に分かってきていることもあります。ここでは、何が分かっていて、何が分からないのかを整理してみましょう。

企業家と起業家

ビル・ゲイツ（マイクロソフト共同創業者）、ジェフ・ベゾス（アマゾン共同創業者）、イーロン・マスク（テスラ共同創業者）やラリー・ペイジ（グーグル共同創業者）、スティーブ・ジョブズ（アップル共同創業者）、歴史を遡れば、「鉄道王」コーネリアス・バンダービルト、「鉄鋼王」アンドリュー・カーネギー、「自動車王」ヘンリー・フォード、日本でも、渋沢栄一、松下幸之助や本田宗一郎など、イノベーションと言えば多くの企業家の具体的な名前が上がってきます。

企業家とは、イノベーションを実際に起こす人物です。つまり、イノベーションが生まれた背後には、かならず（定義的に）企業家が存在します。企業家と言っても、会社で働いている人であれば誰でも企業家というわけではありません。あくまでも、企業家はイノベーションを企図する主体です。その点で、経営資源の効率的なマネジメントを遂行する管理者でもなく、資金を投じる投資家ともその機能は違うとジョセフ・シュムペーターは強調しています。

新しいスタートアップをつくって、起業すればそれがイノベーションというわけでもありません。起業もイノベーションを生み出す重要なプロセスの一つですが、それが全てではありません。この点からすると、イノベーションの担い手を「起業家」と表記するのは、シュムペーターの意図とは齟齬《そご》があります。イノベーションが重要なのは、新しい組織ばかりではないからです。新しく起業しようが、既存企業で働いていようが、あるいは「企業」という組織で働いていなかったとしても、イノベーションを実際に生み出していく人が企業家なのです。起業家と企業家の区別をしっかりとしないと、だんだん論点がぼやけてしまいます。

どういう人が企業家なのか

それでは、企業家とはどういうタイプの人たちなのでしょう。企業家の資質としては、一般的によく指摘されるのが、リーダーシップや推進力、実行力、ビジネス機会を追求する能力、あるいは、カリスマ性などです。それらをひっくるめて、企業家精神（アントレプレナーシップ）と呼ぶこともあります。

企業家精神というと、どうしても「精神論」という印象になってしまいがちなので、ここではアントレプレナーシップと呼びましょう。企業家は英語（元はフランス語）ではアントレプレナー（entrepreneur）であり、それにシップ（ship）を足したものがアントレプレナーシップです。シップとは、フレンドシップとかスポーツマンシップ、あるいはリレーションシップなどについている接尾語です。これは、友だちのあり方、スポーツマンとしてのあり方、あるいは関係のあり方のようなものを示しています。アントレプレナーシップとは、企業家としてのあり方ということになります。シップには精神的な心構えの要素も含まれますが、それだけではありません。性質や能力なども含まれます。精神論ではなく、できるだけスキルに落とし込むことが重要だと考えられています。しかし、具体的にどのようなスキルが必要なのか、それはどのように育むことができるのかについては、まだよく分かっているわけではありません。

それでも、研究者たちはなんとか科学的に、企業家的な性質を明らかにしようとしています。一九八〇年代からは、企業家的志向性（アントレプレナーシップ・オリエンテーション）を探るというアプローチが興隆してきました。

そこでは、自律的な志向性（オートノミー）、新規性を追求する志向性（イノベーティブネス）、リスクを厭わない志向性（リスク・テイキング）、積極的な志向性（プロアクティブネス）、競争的でありアグレッシブな志向性（コンペティティブ・アグレッシブネス）などが企業家的な志向性であると言われてきました[1]。確かに、これらの志向性は、企業家と呼ばれている人物のイメージにとてもよく重なります。

しかし、この企業家的志向性を探るアプローチには大きな課題があります。そのような志向性があったとしても、それがもともと個人が有していたものなのか、あるいはイノベーションを起こすプロセスの中で身についたものなのかの判別がほとんどできないのです[2]。

その大きな理由は、サンプルをとるのが難しいという点にあります。イノベーションを起こした人が企業家ですから、定義的に、イノベーションを集めれば、そこに企業家がいるはずです。ですので、サンプルをとるのはそれほど難しいわけではないと思われるかもしれません。企業家にどのような特徴があるのかを分析するためには、企業家でない人と比べれば良さそうです。しかし、誰が企業家なのかは、イノベーションが起こった後、事後的にしか分かりません。例えば、企業家はそうでない人と比べると自律的な行動が多く見られたとしても、それがイノベーションを起こすプロセスの中で徐々にそのような行動をとるようになったのか、あるいはもともとそのような志向性を持っていたのかを判別することがとても難しいのです。

低い事前の合理性と企業家の必要性

そもそもなぜ、アントレプレナーシップと呼ばれる特定の性質が大切なのでしょう。それは、新しい試みを企図するときには必ず不確実性がつきまとうからです。

新規性が高い試みであればあるほど、それが上手くいくかどうかは事前には分かりません。やったことがないから当然です。しかし、タダではイノベーションは生み出せません。ヒトやモノやカネといった経営資源を動員しなくてはなりません。もちろん、経営資源には限りがあるので、新しいチャレンジに経営資源を動員するとすれば、既存のプロジェクトに動員されている（あるいは動員しうる）経営資源を削減しなくてはなりません。当然、削減されるプロジェクトからは、「なぜ」という声が上がるでしょう。この「なぜ」に対して、事前にはなかなか正当性を確保することが難しいのです。(3)

不確実性が高ければ高いほど、事前に経済合理的な説明を行うことが難しくなります。「実績はあるのか」と言われれば、「ありません」と答えるしかありません。「他でやっている会社はあるのか」と聞かれれば、これも「ありません」と答えるしかないでしょう。既に実績があったり、他でやっている会社があったりするプロジェクトは、そもそも新規性が高いとは言えません。「どのくらい儲かるのか」と聞かれれば、がんばって試算して「○○ぐらいが見込まれます」という答えになります。「本当か」と言われれば、「そう信じています」としか言えません。新しいチャレンジへの経営資源の動員に対して、正当性の確保が難しいのです（社内のイノベーションの芽を摘み取ろうと思ったら、「実績はあるの？」と何かにつけて尋ねる上司を数名用意すれば、あっという間にきれいになくなるはずです）。

株主や債権者などとは違い、企業家は社内の情報を持っています。業界のビジネスにも精通しているでしょう。株主や債権者が認識できるよりも、より良いビジネスの投資機会をより高い精度で知っているはずです。だからこそ、株主や債権者は自分の資金を企業家に預け、彼らに経営資源の動員を託すのです。事前の経済合理性ばかりを気にして、確実性が高いプロジェクトだけに投資するような経営者は、企業家とは呼べません。良い投資機会を見出せず、配当ばかりしているような経営者は、社会的な役割を果たしているとは言えないでしょう。企業家の役割は、今の段階では不確実性は高いものの、将来の大きなイノベーションにつながると考えるプロジェクトに対して、経営資源を動員していくことにあります。

しばしば、「イノベーションを起こすためには危機感がなくてはだめ」と言われます。これは、危機感があった方が、新しいチャレンジに経営資源を動員しやすいからです。しかし、危機に陥らなければイノベーションが起こせないというのでは、組織としては脆弱《ぜいじゃく》です。危機に陥らなくても、きちんと将来のイノベーションのタネを準備しておく必要があります。

企業家とアニマル・スピリッツ

一般的に「ヒト」は理性的である（そうでない人もいるでしょうけれど）一方で、「動物」は本能的に動くと言われます。ヒトが動物より思慮深く、よく考えて意思決定するのは当たり前だろうと思われるかもしれませんが、実はそうでもないのです。

ケンブリッジ大学のジョン・メイナード・ケインズ（一八八三―一九四六年）は、人々は時々、経済合理性だけでは説明できないような投資行動をしていることに気が付きました。そして、彼は、『雇用・利子および貨幣の一般理論』で、そのような行動を引き起こす原因は、人間のアニマル・スピリッツにあると考えました。アニマル・スピリッツとは、「血気」「野心的意欲」「動物的な衝動」などと訳されていますが、ここでは原典のままアニマル・スピリッツと呼んでいきます。ケインズの説明を聞いてみましょう。彼は次のように述べています。

「投機に基づく不安定性がない場合にも、われわれの積極的な活動の大部分は、数学的期待値——道徳的、快楽的、経済的を問わず——に依存するよりもむしろ、自生的な楽観に依存しているという人間本姓の特徴に基づく不安定性が存在する。十分な結果を引き出すためには将来の長期間を要するような、なにか積極的なことをしようとするわれわれの決意のおそらく大部分は、血気——不活動よりもむしろ活動を欲する自生的衝動——の結果としてのみ行われるものであって、数量的確率を乗じた数量的利益の加重平均の結果として行われるものではない。」(4)

簡単に言えば、ヒトは、経済的な意思決定をする時でも、いろいろなことを念頭に入れて計算して冷静に判断しているというよりも、わりと「えい！」と楽観的に決めているというわけです。直感的に意思決定をしたり、あるいは根拠があいまいなまま決めたりしているのです。確かに実感に合っていると感じる方も多いのではないでしょうか。

ケインズは、このアニマル・スピリッツは企業にとっても大切なものだと考えていました。もしも、「アニマル・スピリッツがなくなり、自生的な楽観が挫《くじ》け、数学的期待値以外にわれわれの頼るべきものがなくなれば、企業は衰え、死滅する」と言うのです。(5)

しかし、このアニマル・スピリッツという言葉は、その後の経済学からは徐々に消えていきました。二〇世紀が終わるころには、ほとんど忘れ去られたと言っても良いかもしれません。

ところが、今世紀に入ると、ニュー・ケインジアンと呼ばれる人や行動経済学の研究者らが、アニマル・スピリッツを経済学の枠組みの中にもう一度取り入れようとし始めました。例えば、ともにノーベル経済学賞を受賞しているカリフォルニア大学バークレー校のジョージ・アカロフとイエール大学のロバート・シラーは、アニマル・スピリッツが不況や失業、あるいは企業の投資行動などを考える上で重要な役割を担っていると分析しています(6)。

企業家はクレイジーなのか

アニマル・スピリッツはイノベーション研究でも大切なものだと考えられています。新しい試みをする時には、どうしても不確実性が高くなります。どのくらいの確率で上手くいくかも、どのようなことが起こるのかも、よく分からないことが少なくありません。新しいことなので、やってみないと分からないのです。

イノベーションの研究では、このアニマル・スピリッツについて一つの議論があります。それは、クレイジーな（経済学的に合理的な計算に基づいて意思決定をしているのではない）人がイノベーションを起こすのか、あるいは合理的な計算に基づいてイノベーションは生み出されるのかという議論です。

例えば、スティーブ・ジョブズやビル・ゲイツらは、大学を中退して、自分でビジネスをスタートさせました。彼らは、大学などに行っている暇があったら自分で新しいことを始めたいという思いが強かったのでしょう。しかし、合理的に考えると、もしかしたら、きちんと大学を卒業しておいたほうが良かったかもしれません。失敗した時に次の就業機会を見つけやすくなるでしょうし、十分に知識を蓄えてから起業した方が、失敗する確率を低く抑えられたかもしれないからです。

そこで、ドイツのカッセル大学のグイド・ブエンストルフらは、大学を中退して自分でビジネスを始めた人のその後のパフォーマンスをデンマークのデータを用いて分析しました(7)。大学を卒業した人たちと比べて、中退してビジネスを始めた人たちの所得が高ければ、彼らはクレイジーではなく、むしろ、合理的に計算した期待に基づいていたと言えるでしょう。もしも、大学を卒業した人の方が所得が高い場合には、彼らはやはりクレイジーということになるでしょう。その結果を見てみると、起業によってものすごく成功した人などの外《はず》れ値《ち》をサンプルから除くと、平均的には大学を卒業した人のほうが所得は高かったのです。ちなみにこの論文は、「Steve Jobs or No Jobs?（スティーブ・ジョブズか、無職なのか）」というお洒落なタイトルで公開されています。

このような研究は、実はこれまでも繰り返し見られてきました。自分で独立してスタートアップを興した人の所得を見てみると、多くの場合は、平均的には合理的に期待できる水準よりも低い水準のリターンしか得ていないのです。クレイジーな人たちがイノベーションの担い手になっている可能性が濃厚ということになります。

ただ、独立や起業と言っても、実は自営業でハンバーガーショップを開店したというサンプルも分析には含まれがちです。もちろん、マクドナルドだって地元のハンバーガーショップから始まったので（途中で、レイモンド・クロックに大きく方向を変えられてしまいますが）、一概には言えないのですが、街のパパママショップが入ると平均的には所得は下がります。[8] そのため、起業した人のその後の平均的な所得も低く見積もられてしまう可能性があります。実際、理系の大学の教員の起業（理系の教員たちでパパママショップ的な起業をする人はほとんどおらず、彼らは自分の研究開発の成果を利用して新しいビジネスをしようとする）に絞ってみると、実は平均的にも起業したほうが所得は高くなるという結果も出ています。[9]

このように、まだ実証的に完全には明らかになっていませんが、これまでの結果は概《おおむ》ね、新規性が高い試みにとっては、経済的に合理的な計算に基づく意思決定よりも、ある信念や自信、あるいは楽観的な期待に基づいて意思決定するアニマル・スピリッツが重要だということを示唆しています。皆さんの周りにも、なんだかよく分からないけれど、ある信念や自信（時には過信かもしれません）を強く持っている人や大きな社会的意義を（勝手に）感じている人がいるかもしれません。そういう人をマネジメントするのはなかなか難しいのですが、そういう人（の一部）こそがイノベーションの担い手なのです。

第三章　三つの基本ルール

イノベーションは、いつ頃から生まれるようになったのでしょう。イノベーションが持続的に生み出されるようになったのは、歴史的に見るとごく最近です。最近と言っても、二〇〇年ぐらい前からなのですが、人類の歴史から見ればごく最近と言って良いでしょう。なぜその頃からなのでしょう。その背景には、三つの基本ルールの整備がありました。

持続的なイノベーションの始まり

人類が農耕を始めた時期には諸説ありますが、少なくとも一万年以上前には始まっていたことが分かっています。そして紀元前六〇〇〇年ごろから、メソポタミアやエジプト、イランなどで灌漑施設が作られるようになりました。これによって、自然の降水量だけに依存しない農耕ができるようになったのです。

先にも触れた通り、紀元前三五〇〇年ごろには、すでに馬の家畜化もなされていました。馬の歯にハミの痕が見つかったことで明らかになったのです。ハミの発明によって、馬が人間の動力になったのです。当時としては陸上での最高速の移動を可能にする動力源ですから、現在で言えば、次世代交通システムのハイパーループが実用化されたようなものです。紀元前三二〇〇年ごろには、シュメール人が楔形文字を生み出しました。これにより、知識の蓄積や伝播の形態が変わったのです。さらに、アレクサンドリアのヘロンは、蒸気をつかった自動ドアや、コインを入れる自動販売機なども発明していました。

このように歴史を振り返ると、いろいろなものが発明されてきたことが分かります(1)。しかし、それらは単発的であり、現代のようにイノベーションが次のイノベーションを生むような持続的なものではありませんでした。それでは、いつ頃から持続性が出てきたのでしょうか。イノベーションは経済成長の源泉ですから、経済成長を見てみれば、いつ頃から持続的に生み出されてきたのかが概ね把握できるはずです。

経済成長の歴史から見ると、イノベーションが持続的に生み出されるようになったのは、一八世紀中頃にイギリスから始まった産業革命以降です(2)。マディソン・プロジェクトのデータを使って見てみましょう。このプロジェクトは、イギリスの経済史家のアンガス・マディソンが始めたもので、世界の国々の実質的な一人あたりのＧＤＰを西暦一年から推計しています(3)。

ＧＤＰとは国内総生産（Gross Domestic Product の略）であり、国内で生み出された付加価値を表すものです。それを国民一人あたりで割ったものが、一人あたりのＧＤＰです。一人あたりどれだけ付加価値を生み出したかを表していると考えることができます。このマディソン・プロジエクトでは、国際比較のために国際ＧＫドル（Geary-Khamis Dollar）と呼ばれる共通の通貨の単位を使っています。これは、各国の経済の状況を比較できるようにするために、それぞれの国の通貨を購買力平価と物価変動率で一九九〇年のＧＫドルに換算したものです。マディソンは残念ながら二〇一〇年に亡くなったのですが、プロジェクトはその後も続けられています。

最も古くからデータが推計されているイギリスを中心に見てみましょう。図1は、一〇〇〇年から一九九九年のイギリスと日本の一人あたりのＧＤＰの推移を示しているのですが、イギリスでは、西暦一年から見ても、長い間ほとんど変化がなかったのです。西暦一年の一人あたりの所得は六〇〇ＧＫドルであったのに対して、一〇〇〇年でも七五七ＧＫドルにしかなっていません。産業革命が始まる前は、経済はほとんど成長していなかったのです。一〇〇〇年かけておよそ二五％の経済成長です。二五％というと大きな成長のように聞こえますが、もしも、毎年一％の成長を続けていけば、二三年で二五％の成長になります。それを達成するのに一〇〇〇年もかかっているのです。ほとんど増えていないと言っても良いでしょう。一〇〇〇年以降で見ても、経済が成長しはじめるのは、一八世紀に入ってからです。一八世紀から徐々に成長が始まり、一九世紀中頃から大きく成長しています。その後、成長が加速度的に進んでいます。

日本の成長はどうでしょう。イギリスよりも成長が始まるのは遅いですが、日本も同じような傾向が見えます。平安時代の一一五〇年には五一九ＧＫドルだった所得は、ペリーが来航する三年前の一八五〇年になっても、まだ六八一ＧＫドルにしかなっていません。七〇〇年かけておよそ三〇％の成長です。日本における産業革命は、明治維新後に起こります。(4) 日本では、一九世紀

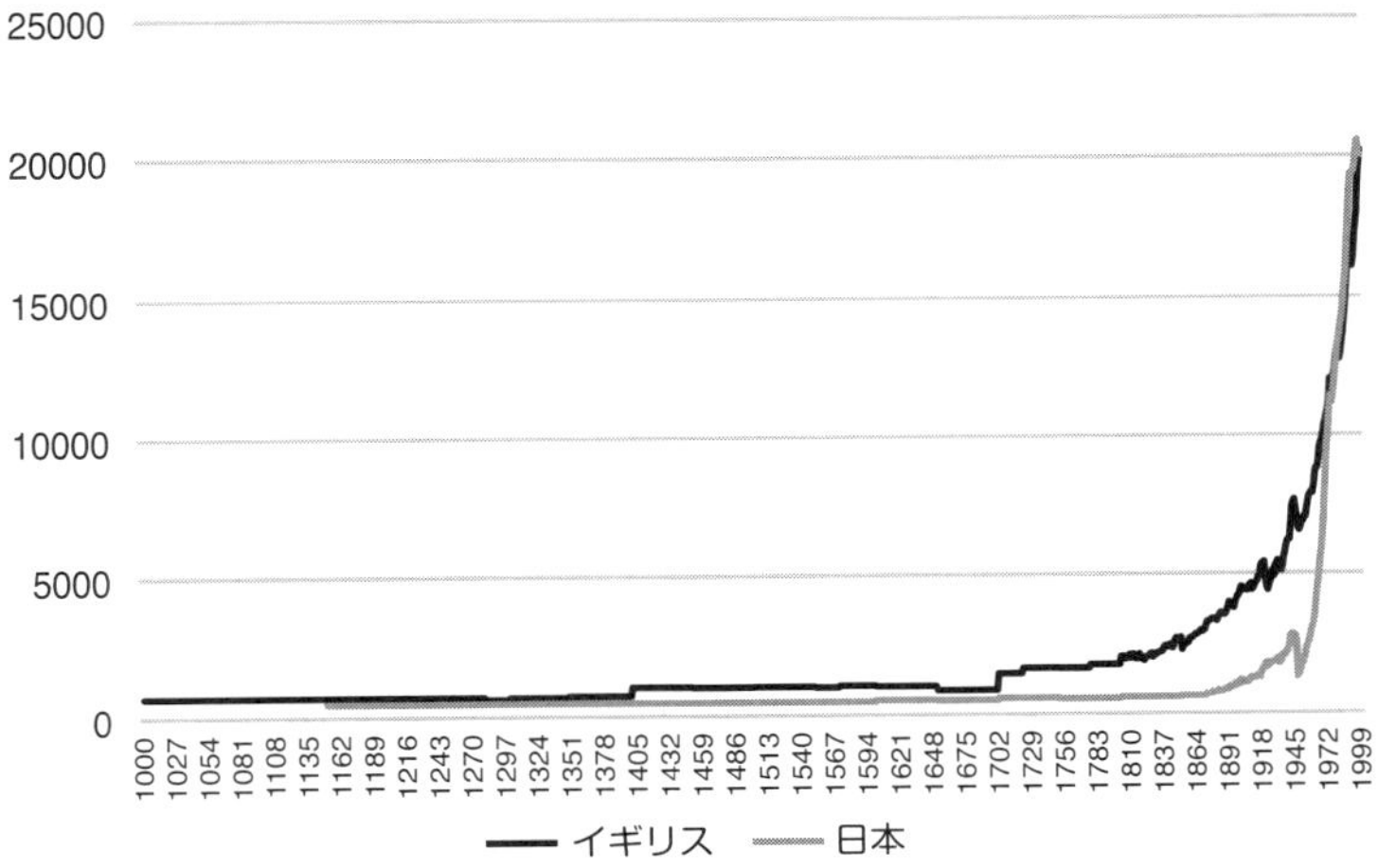

図 1：イギリスと日本の一人あたり GDP の推移（単位 国際GKドル）
出所：The Maddison-Project, http://www.ggdc.net/maddison/maddison-project/home.htm, 2013 version.

後半から徐々に成長が始まり、戦後、それが加速度的に上昇しています。

このように産業革命から成長が始まり、一九世紀、あるいは二〇世紀から加速度的に経済は成長していったのです。イノベーションが持続的に生み出されるようになったのは、産業革命以降と考えても良さそうです。もちろん、短期的に見れば、経済が停滞する時期もあります。しかし、五〇年、一〇〇年、あるいは一〇〇〇年といった長期的なスパンで見ると、産業革命以降、持続的に成長していることが分かります。

なぜ産業革命以前はイノベーションが持続的に生み出されてこなかったのでしょう。また、なぜ産業革命は一八世紀中頃に起こり、その後にイノベーションが持続的に生み出されるようになったのでしょう。

これには三つの基本ルールの整備が重要

な役割を担っていたのです。ここで言うルールとは制度のことです。やや堅苦しく言うと、制度は、人々の行動に影響するインセンティブのあり方を規定するものです(5)。簡単に言えば、何をしたら得（あるいは損）になるのかを教えてくれるものが制度です。一般的に制度と言うと、行政や企業によって決められた規則が頭に浮かんできます。しかし、人々の行動に影響するインセンティブを提供するのは、公式的な規則だけでなく、慣習や行動の規範のようなものまでいろいろです。ここでは、制度よりももう少し広いイメージがあるルールという言葉を使っていきましょう(6)。

1　私有財産制度

最初のルールは「私有財産制度」です。イノベーションを起こした人が得をするルールがきちんと整備されているかどうかです。野生動物の喩《たと》えで言えば、狩りをして獲った獲物をちゃんと自分で食べられるかどうかです。

イノベーターが得をすること

アメリカのピッツバーグ大学のジョナス・ソークは、世界で最初に効果的なポリオワクチンの開発に成功しました。ソークは、ポーランドからアメリカに移民してきた両親のもとに一九一四年に生まれました。両親は正規の教育を受けたことはありませんでしたが、勉強熱心だったソークはニューヨーク大学へ進学し、医学の道に進みました。第二次世界大戦後、ポリオワクチンの研究をするようになり、一九五〇年代前半、ついにワクチンの開発に成功したのです。

一九五五年にインタビューで「誰がこのワクチンの特許を持っているのか」と聞かれたソークは、「特許は誰も持っていません。太陽の特許を持っている人はいるのですか」と答えています。(7) ソークは金銭的な目的で研究をしていたのではなく、またその研究の結果として生み出される経済的な利益を独り占めしようとはしませんでした。実際のところは、ソークは国（National Foundation）からの研究費を使って研究をしていたので、自ら特許権者となることは制度的に許されていなかったようですが、それにしても、世界中の子どもたちを小児麻痺から救った彼は、経済的な動機によって研究していたわけではなかったのです。

このような事例は、医薬品の領域では比較的多く見られます。例えば、オリンパスは東京大学の医師たちと一緒に胃がんの治療や早期発見のために内視鏡を創り上げていきましたが、その経緯を見れば明らかに経済的動機を超えた使命感のようなものが感じられます。(8) このように、イノベーションには企業家の熱い思い、使命感、高い志などによって成し遂げられる例がよく見られます。

しかし、意識が高い人ばかりに頼っていては、継続的にイノベーションを生み出していくことは難しいでしょう。単なる英雄待望論になってしまいます。イノベーションを生み出すための試みにきちんと報いるインセンティブが必要です。

そこで必要となってくる最初のルールが、私有財産制度です。私有財産がしっかりと守られない社会では、新しいことにチャレンジして富を得ようと考える人は少ないのです。せっかくイノベーションを起こしたとしても、そこから得られる富が自分のものにならないのであれば、多くの人はわざわざチャレンジしようとは思わないでしょう。イノベーションが持続的に生み出されるためには、そこから生み出される富がしっかりとイノベーターに配分されるようなルールがとても大切です。イノベーターが得をしないような社会や環境では駄目なのです。

マグナ・カルタのインパクト

私有財産制度は、後述する他の二つのルールよりも早い時期に確立し始めたのは分かっていますが、その起源については明確ではありません。メソポタミアでは紀元前二五〇〇年頃のものと思われる土地の取引の記録が発見されています。私有財産制度がなければ、そもそも土地の取引は成立しませんから、これは一つの重要なエビデンスなのです。バビロニアでは、紀元前二一〇〇年頃の土地の売買についての法律が石柱に刻まれています。旧約聖書にも土地の売買についての記述が残っています。旧約聖書が書かれはじめたのは、紀元前一一五〇年頃ですから、その頃には土地に関する所有権がある程度確立していたと考えられます。

私有財産制度は古代ギリシャや古代ローマなどにおいて商業取引や財産権などに分化し、徐々に洗練されていきますが、とはいえ、それはまだまだ不十分なものでした。王家や領主といった時の権力者の前では、私有財産制度などはまさに風前の灯、いつ奪われてもおかしくないものだったのです。

しかし、一二一五年のイギリスで大きな転換がありました。ジョン王がマグナ・カルタに調印したのです。マグナ・カルタとは、国王の徴税権を制限し、封建貴族が有する諸権利を再確認したものです。この調印によって、ついに国王も法の制約の下におかれるようになりました。これは私有財産の確立にとって大きな一歩でした。国王をもってしても、不法に国民の財産を侵すことはできなくなってきたのです。

せっかく稼いでも、国王による勝手な増税などによっていつ財産が巻き上げられるか分からなかったならば、誰もイノベーションを起こすインセンティブを持たなくなってしまいます。国王すらも法の制約の下におかれるようになったことで、人々は恣意的に身体の自由を奪われたり、財産を没収されたりする恐れがなくなったのです。マグナ・カルタが適用されるのは自由身分の人だけという制限はあったのですが、それでも私有財産制度の確立という点では大きな前進でした。その後、自由権や私有財産権の制度化が徐々に進められ、「イノベーターが得をする」というルールの整備が進んでいきました。

知的財産権の重要性

私有財産制度のサブカテゴリーである知的財産権の保護も、イノベーションにとっては極めて重要な役割を果たしてきました。なぜ世界初の産業革命がイギリスで起こったのかを考える上で、知的財産権の確立と特許制度の成立は非常に大切な要素です。

イギリスは一六二四年に専売条例を制定しました。これは、新しい発明に対して一四年間の専売権を認めるものです。知的財産権を保護するルールとしては、他国と比べると早い成立でした。最初に知的財産権が保護されたのはベネチアであるとされていますが、近代的な特許制度としてはイギリスのものが最初です。

もちろん、その特許制度は最初から完璧に上手く機能していたわけではありません。制度の改革を通じて、徐々にルールが精緻化されていったのです。特許制度が確立したことによって、イギリスのエンジニアは、自らの発明によって大きな富を得られるようになりました。イノベーターがきちんと「得」をする仕組みができたわけです（ちなみに、イノベーターがイノベーションからの利益を得られる程度は「専有可能性」と呼ばれています）。

知的財産権の保護というルールは、その後世界に広まっていきました。アメリカでは、一七九〇年にワシントン大統領が特許法に署名しました。日本はやや遅れましたが、明治維新後の一八八五年に専売特許条例が施行されました。日本の特許制度はどの程度、イノベーションやその結果としての経済成果に結びついたのでしょう。筆者はハーバード・ビジネス・スクールのトム・ニコラスと一緒に、日本の特許やその取引の量を歴史的に調べてみました[9]。そこで分かったのは、日本の特許制度も最初から完璧だったわけではなかったということです。技術の市場が上手く機能するようになるのは、弁理士などの制度の整備があってからでした。技術に理解がない人や悪徳弁理士などがいて、せっかく導入した特許制度がうまく機能していなかったのです。そのため、弁理士などの制度の改革を重ねることによって、知的財産権の保護というルールがしっかりと機能するようにしていきました。この結果、イノベーターが得をする仕組みができるとともに、技術（モノ）の流動性も高まっていったのです。このように、私有財産制度の確立はイノベーションにとって大切なルールです。これらがあるからこそ、イノベーターがきちんと得をするようになったのです。

イノベーターは誰なのか

現代では、いきなり民衆の財産を奪ってしまうような権力者は（多くの国では）いませんし、知的財産権の保護の制度も整ってきています。そのため、この問題が重要だったのは昔の話で、今ではあまり関係のない話だと考える人もいるかもしれません。

しかし、実はそうでもないのです。あなたの社内ではどうでしょうか。どのような人が評価されているでしょうか。どのような人が昇進しているでしょうか。もしも、失敗がない人が高い評価を得て昇進しているとすれば、新しいチャレンジをする人は少なくなってしまうでしょう。新しいチャレンジをしようとする人が損をするような組織では、誰もチャレンジしなくなってしまいます。イノベーターが得をしていないとすれば、あなたの会社から持続的にイノベーションが生まれてくることは期待できません。

イノベーターや新しいチャレンジをする人をきちんと評価してあげることは、とても大切になります。これは当たり前のことですが、案外難しいのです。なぜでしょう。

基本的なポイントから考えていきましょう。誰がイノベーターなのか、チャレンジをしたのは誰なのかを特定することが簡単ではないのです。例えば、ある製薬会社の研究所で、一〇〇〇億円の利益を生み出す新薬が出たとしましょう。この新薬を開発した人（ここでは山田さんとしましょう）に、どのように報いるのが良いでしょうか。イノベーターが得をすることが重要なのですから、利益の額に応じて（例えば一〇％など）ボーナスを支払うことも考えられるでしょう。あるいは、昇進させたり、権限を大きくしたりすることなども考えられます。ここで大切なポイントは、山田さんのような高い成果をあげる人がどんどん出てくるようなインセンティブの設計です。

しかし、山田さんがこの成果を生み出せたのは、研究開発上の分業で、同僚の鈴木さんと佐藤さんが他の技術領域で研究開発を進めていたから、という可能性もあります。つまり、山田さんが自分で開発課題を見つけて成果を上げたというよりも、山田さんはA、鈴木さんはB、そして佐藤さんはCの課題を担当するというように分業していた結果、たまたま山田さんの課題で大きなイノベーションが生まれた可能性もあります。実際に、大規模な組織ではこのような分業体制がとられるのが普通です。

このような場合に、もし山田さんにだけ大きな報酬が与えられたら、鈴木さんと佐藤さんはどう思うでしょうか。山田さんが大きな成果を出せたのは、その背後で鈴木さんと佐藤さんが他の分野を担当していたからだとすれば、おそらく鈴木さんと佐藤さんのモチベーションは大きく下がってしまうことでしょう。これでは問題です。山田さんの成果が組織的な分業の成果だとすれば、報酬は組織全体に払われるべきです。

もし山田さんが自分で研究課題を選び、自分で率先してそれを引っ張っていったのであれば、やはり山田さんに大きな報酬が払われるべきです。この場合に、あまり大きな貢献はしていない鈴木さんや佐藤さんにも大きな報酬が与えられるとなれば、今度は山田さん（もう少し言えば、次の山田さん）のモチベーションが下がってしまいますし、他人の成功にただ乗りするようなフリーライダーが組織のなかに増えてしまいます。

ポイントは、イノベーター（あるいは新しいチャレンジをした人）にしっかりと大きな報酬を与えるということです。しかし、組織が大きくなればなるほど、分業が細かくなればなるほど、誰がイノベーターなのか、誰が新しいチャレンジをしたのかが見えづらくなります。そのためには、しっかりとした評価システムを作る必要がありますが、ご想像の通り、これは大変難しいことです。このように、私有財産制度が確立した現代でも、「イノベーターが得をする」環境を整えるのは、そう簡単ではないのです。

短いサイクルの報告・評価

イノベーターを評価するときに、もう一つ重要なポイントがあります。短期的な評価を繰り返していては、イノベーションはあまり期待できないということです。評価だけでなく、報告ですら、あまり短期的なものだと駄目なのです。

なぜ、短期的だと駄目なのでしょう。これまで、ホウレンソウ（報告、連絡、相談）と呼ばれるように、上司としっかり連絡を取り合っていくことは大切だと言われてきました。最近ではカクレンボウ（確認、連絡、報告）だと言われることもあるようです。いずれにしても、これを上司や同僚と短いサイクルで行っていくことが大切だと言われてきました。確かに、短いサイクルでの報告がないと上司も不安になるでしょう。状況を共有していれば、もし部下が失敗した時でも軌道修正がすぐにできそうです。

しかし、短いサイクルでの報告や連絡は、新規性の高いチャレンジを回避させてしまうのです。新しいチャレンジには失敗はつきものです。新規性の高いものであれば、一〇〇回チャレンジして一回しか上手くいかないものもあるでしょう。

短いサイクルで報告することを義務付けたらどうなるでしょう。毎日、「今日も上手くいきませんでした」という報告をするのは、だれしも嫌なものです。上司が、「新しいチャレンジには失敗がつきものだから」と理解を示したとしても、上手くいかなかった報告を何度もするのは回避したいのです。

そのため、短いサイクルで報告や連絡、確認などを求められると、人は不確実性の高いものを避けて、リスクの低いものに取り組むようになってしまいます。「上手くいきました」という報告をしたいのです。これでは、新しいチャレンジは段々少なくなってきてしまいます。一見すると新しいチャレンジに見えるけれど、実はそうでもないことばかりになってしまうのです。

新しい試みを社内で増やそうと思ったら、社員を信頼して少し長い目で見てあげることが必要です。長期的なインセンティブを用意する必要があります。それには、働く人の待遇をしっかりと良いものにして、組織の長期的なパフォーマンスへの関心を高めることが重要です。オーストラリアのモナシュ大学のチェン・チェンらは、研究開発のパフォーマンスを調べ、長期的な視点で評価を行っている企業の方が、そこで働く人のパフォーマンスが高いことを発見しています。(10)

もちろん、パフォーマンスが高いから、企業が従業員に対する良い待遇を用意できるという逆の因果関係も考えられますが、それを勘案して分析した後でも、研究開発の成果が良くなることを示唆する結果が出ているのです。短期的に成果を上げるようプレッシャーをかけていると、どうしても社員はリスクの低いものに向かってしまう傾向があります。本質的に重要な新しいチャレンジをしている人がしっかりと組織で評価されるようにすることがとにかく大切です。

2　科学的な合理主義

二つ目のルールは、科学的な合理主義です。イノベーションが継続的に生み出されるようになった背景には、知識に対する根本的な考え方の変化があったのです。より具体的に言えば、科学的で合理的な手続きを踏んで知識を生み出していくというルールです。これによって、「知識は力なり」が体現されるようになったのです。

権威主義からの脱却

イノベーションを語るとき、企業家のひらめきの瞬間は大きく取り上げられます。確かに、彼／彼女らの直感的なひらめきは大切でしょう。ただ、それだけに頼っていてはイノベーションを持続的に生み出すことはできません。個人の勘に頼っている限り、企業あるいは社会としては脆弱です。

産業革命がイギリスで最初に起こった背景としては、前述のように知的財産権の保護が重要な役割を果たしていましたが、もう一つ大切な役割を果たしたと言われているものがあります。それは、知識に対する考え方の変化です。ヨーロッパにおける啓蒙主義や、実験や観察によって真偽を検証していく経験主義的な科学の広まりが、イギリスでの産業革命とそれ以降のイノベーションの連鎖につながっていったのです。[11]

知識が、実験や観察によって生み出される（あるいは検証される）というのは、今では当たり前のようにも思われますが、歴史的に見ると全く当たり前ではありません。一八世紀に入るまでは、多くの社会で宗教組織が大きな影響力を持っていたのです。

ヨーロッパでは、カトリック教会が非常にパワフルで、知識の裏打ちもしていました。教会が、どの知識が「真」で、どの知識が「偽」かを決めていたのです。今から考えれば、無茶な話です。しかし、当時のヨーロッパでは、教会は最も組織化され、また最も権威ある組織でしたから、それが当たり前だったのです。もちろん、教会は知識を生み出したり、検証したりすることを目的としている組織ではありません。教会だって、本当は何が「真」で何が「偽」かは分かっていなかったわけです。この矛盾が表面化したのが、よく知られる通り、天動説を巡る議論でした。

日の出や日の入り、季節の移り変わりなどを論じる天文学は、生活に密接したものでした。古代ローマのクラウディオス・プトレマイオスは、紀元前二世紀にそれまでの天体の動きについての説明を整理し、修正を加えました。天動説を精緻化したのです。当時の観測技術や計算方法を前提とすると、プトレマイオスの天体の動きについての予測は正確でした。そして、このプトレマイオスの天体の動きに対する説明に対して、カトリック教会が「真」であると裏書きをしたのです。

天動説をカトリック教会の教義としたわけではありませんでした。しかし、聖書の解釈を行うのは教会であり、その際に天動説との親和性が高いと考えられていたのです。教会が行う聖書の解釈とは異なるような考え方（や知識）はそもそも「偽」とされました。

教会がその知識を「真」であると保証したことは、当時は重大な影響力を持っていました。もしもプトレマイオスの天動説とは異なる説を提唱するとすれば、その天文学者は教会と戦うことになるのです。一六世紀に入るとニコラウス・コペルニクスが、太陽を中心に地球がまわっているという地動説を唱えます。ところが、コペルニクスは自身の説を説明した『天体の回転について』を書き上げた直後に没してしまいました。

それを、ブラーエやケプラー、そしてガリレオなどが実証していったのです。その過程では、ローマ教皇庁がコペルニクスの地動説を禁じる布告を出し、『天体の回転について』は一時閲覧ができない状態になったこともありました。教会の権威と科学を分けて考えることを提案したガリレオは、裁判で異端者として有罪の判決を受けました[12]。しかし、アイザック・ニュートンとエドモンド・ハレーが、地球と天体の運動を実験的に示し、それぞれカトリック教会の権威を打ち砕いたのです。

たまたまの結果を再現する

知識は、実験と観察を通じて帰納的に生み出され、体系化されるものであると考えたのは、フランシス・ベーコンでした。観察と計測の重要性を指摘したのです。これは、聖書の解釈から演繹的に知識を組み立てていくという考え方からの決別であり、大きな転換でした。

科学的な合理主義が成立する前は、技術も体系的には進歩していませんでした。試行錯誤の結果、たまたま上手くいくことがあったとしても、それが体系的に積み重なっていかないのです。科学的な合理性というのは、たまたま上手くいったようなことでも、体系的に実験、観察し、それを再現することを意味しています。だからこそ、イノベーションが持続的に生み出されるのです。

イギリスでは、比較的早い段階でこの知識に対する考え方の変化が起こりました。ノースウエスタン大学の経済史家のジョエル・モキアは、その背景には、スコットランドでの啓蒙主義の広がりがあったと指摘しています(13)。また、イギリスはプロテスタントに改宗したため、地動説の受容を禁じているカトリックの制約から自由になっていたという要因もありました。

ただ、この科学的な合理主義が実際に持続的なイノベーションに結びつくまでには、長い時間がかかりました。イギリスでの産業革命における発明の殆《ほとん》どは、科学的な知識を活用したものではなく、エンジニアの創意工夫の成果だったのです。科学が産業に活かされるのは、一八五〇年代以降になってからでした。しかし、科学的な原理の解明や法則性の発見がイノベーションにまで結びつかなかったとしても、実験と観察を通じて知識を積み重ねていくという視点自体は極めて大切だったのです。

これについても、「科学的な合理主義が大切だということは分かったが、現代では宗教が知識を裏打ちするなんてことはないし、今ではどこでも大差はないのでは」と考える人もいるでしょう。しかし、実際には、科学的な合理主義に全く反するような意思決定をしている会社も少なくありません。カリスマ性の高い経営者が神格化されている会社もあります。「売上が上がらないのは、営業努力が足りないからだ」と言う（旧）体育会系――最近の「イケてる」体育会はデータに基づいてトレーニングや戦略を立てています――の上司ばかりの職場もあります。「われわれの業界は特殊だから……」と（なぜだか分かりませんが）思考停止に陥っている企業も少なくありません。このような組織からは、イノベーションが継続的に起こることは期待できないでしょう。

「営業努力が足りない」は反証可能か

「科学的な合理主義」を論じていくにあたり、一つ注意が必要です。これは、科学的に正しいということが検証された（正確に言えば、科学的な手続きによって反証が繰り返され、確からしさが高まった）知識のみを重視するというわけではありません。「失敗は成功の母」と言いますが、正しい知識も、多くの錯誤や誤謬の中で育まれていくものです。むしろ大切なことは、知識が反証可能性とセットになっていることです。反証可能性というのは、簡単に言えば、考え方（仮説）が間違いであることが分かる可能性があることを言います。これだけでは分かりにくいので、もう少し具体的に考えてみましょう。

例えば、「営業成績が上がらないのは、ターゲットの設定が間違っている」という仮説があったとします。この仮説の確からしさ（真か偽か）は、ターゲットを少しずつ変えて実験をしてみて、その結果を調べれば検証できます。

それに対して、先ほどの（旧）体育会系の「売上が上がらないのは、営業努力が足りないからだ」という仮説は、反証可能ではありません。なぜならば、もしも売上が上がった場合には、「営業努力が足りた（＝それまでは足りなかった）」ということになり、売上が上がらなかった場合には、「まだ営業努力が足りない」ということになるからです。つまり、どう転んでも、最初の仮説が常に「真」となってしまうのです。

仮説が科学的なものか、あるいは科学的ではないもの（疑似科学的なもの）かを分けるのは、この反証可能性です[14]。「売上が上がらないのは、営業努力が足りないからだ」といった反証不可能な意見が、居酒屋トークだけならともかく、組織の中で本気で論じられていたら大変です。

科学的な合理性が重視されないと、どのようなことが起こるでしょうか。それは、あたかも中世の世界にタイムスリップしたような状況になるはずです。権威主義的な意思決定が横行します。仮説を立てて、計画を立て、それを実行し、その結果を検証して、というサイクルは回りません。組織のなかで知識はアップデートされなくなります。

権威主義的な意思決定が多くなることの一番の問題は、どうしても「問い」が出てこなくなることです。「もっと良いやり方があるのではないか」と問いかけることは、イノベーションの最初の一歩です。組織において権威主義が横行すると、そのうち、組織のメンバーから問いが出てくることも少なくなってしまいます。このような組織からイノベーションが持続的に生み出されることは期待できません。権威主義に陥らず、知識をアップデートさせていくためには、科学的な合理主義を重視するというルールはとても大切なのです。

3　資本コストの低下

イノベーションを支える基本的なルールの三つ目は、お金に関するものです。新しいチャレンジをしようとする人が、低いコストで必要な資金にアクセスできるかどうかがポイントです。

必要な資金へのアクセス

新しいビジネスのアイディアを思いついた時、多くの人が、「資金はどうしよう」と考えるはずです。イノベーションは、タダでは起こせません。いくら良いアイディアがあったとしても、経営資源がそこに投下されなければ、そのアイディアを実現することは難しいのです。

白熱電球を発明したエジソンには、電球を大量に生産する施設が必要でした。しかも、白熱電球を大量に生産したとしても、それだけではビジネスになりません。当時は発電所も送電網もないのです。各家庭に電気が供給される体制も整えなければなりません。しかし、これらを実現するには莫大な資金が必要でした。

実際にエジソンの白熱電球と送電システムに資金を提供したのは、銀行家のＪ・Ｐ・モルガンでした。かのモルガンでも単独で事業に必要な資金の全ては提供できなかったので、複数の銀行でシンジケートを作り、資金を提供したのです。しかし、事業への投資が、モルガンのような個人の力に依存していては、社会的にはイノベーションが次から次へと生まれてくることはあまり期待できません。

優れたアイディアを持った人が、誰でも容易に資金にアクセスできるようになっていることが重要です。その点で、資本市場の整備が大切なのです。ただ資本市場があれば良いというわけではありません。資金が欲しい人と投資をしたい人が効率的に出会えるようになっていないといけません。ビジネスの相手を探すのに多くの時間がかかったり、ビジネスの相手が本当に信頼できるかどうかを探ったり、価格や品質が妥当なのかを調べたりするのに大きなコストがかかったりする場合には、そもそも市場での取引がなされなくなります。

これらのコストは、「取引費用」と呼ばれています。取引費用を下げるような制度の整備がなければ、市場の効率は上がりません。例えば、企業家が投資家に知られては都合の悪い事実を隠すことが容易な市場であれば、投資家は怖くて資金を提供できないでしょう。取引費用を下げるためには、資本市場でお金を調達しようとする側に、きちんと信頼できる情報を公開することを義務付ける仕組みが大切になってきます。

取引費用を下げるのはそれほど簡単ではありません。そもそも、情報を収集して、正確かつタイムリーに伝えるのは、とても難しかったのです。電信や電話がなかった時代を想像してみてください。いつ、どこで、誰が、どのように収集したのか分からない情報など、なかなか信じられません。だからこそ、金融サービスはロンドンやニューヨーク、古くはアムステルダムなど特定の街に集積したのです。それらの街では、政府機関（中央銀行や財務省など）のまわりに証券取引所や証券会社、銀行、保険会社などがひしめき合い、最新の情報をすぐに共有できるようになっていました。顔なじみのブローカーたちが繰り返して取引を行うことで、相手を欺くような裏切り（機会主義的行動と呼ばれています）もなくなります。これは取引費用を安くする工夫でした。

もしも取引費用が高すぎれば、取引は信頼できる身内の間だけに限定されてしまいます。それでは、イノベーションを起こせるのは、たまたま身内に「お金持ち」の知り合いがいた人か、社内に大きな資金の蓄積のある大企業だけになってしまいます。

できるだけ多くの人が資金を提供できるような仕組みを整備することは、イノベーションを増やすためには大切です。新事業に伴うリスクを、たった一人で引き受けなければならないとすれば、新規性の高い事業に投資しようとする人はかなり限られてしまうでしょう。少額からでも投資できるようにして、リスクを細切れに分割できたとすれば、そこに投資をしようと考える人も増えてきます。

さらに、一人の投資家がさまざまな事業に同時に投資しやすくすれば、その人は新規性の高い投資先と比較的リスクの低い投資先を組み合わせることでポートフォリオを組むことができます。ポートフォリオを組めれば、投資家は自分の直面するリスクを下げることができます。その結果、社会的に見れば、新規性の高い事業にお金が投下されやすくなるのです。だからこそ、多くの人が少額ずつでも良いので、事業に投資できるようになっていることには大きな意義があります。

責任を有限にする

新しいチャレンジに必要な資金を低コストで調達するという観点からすると、有限責任の株式会社という制度の誕生も見逃せません。株主は、自分の会社がいくら大きな負債を抱えて倒産したとしても、自分の出資分にのみ責任を負えば良いという仕組みです。だから、株主は安心して企業の事業に投資ができるのです。今ではすっかり当たり前となった制度ですが、これは非常に画期的で重要なものでした。

世界で最初の株式会社がどこで生まれたのかは、実際のところよく分かっていません。イギリスの王室が一二四八年に羊毛取引の管理のためにステイプル・オブ・ロンドンという株式会社を設立したことは確認されています。ただ、最初の近代的な株式会社といえば、やはりオランダの東インド会社でしょう。一六〇二年に東インドにおける香辛料の貿易を目的としてオランダで設立された東インド会社は、株式を発行して、その事業に必要な多くの資金を調達しました。当時の東インド貿易は相当にリスクが高いものでした。ヨーロッパからは遠く、航海の途中で遭難したり、船内で疫病が発生したり、海賊に遭遇したりすることも珍しくありません。生きて帰って来られるかすら分からなかったのですが、それでも香辛料に対する需要は大きかったため、航海が成功すれば大きな利益が見込まれていました。だからこそ、リスクを細分化して株主が負担することが大きな意味をもったのです。

初期の株式会社は必ずしも有限責任というわけではなかったのですが、一六六二年にイギリス政府が、イギリス東インド会社などの株主に対して有限責任を許可したのです。この時に有限責任が許されたのは貿易関連の会社だけでした。その有限責任はあくまでも特権であり、議会が与えるものとされました。

有限責任が多くの会社に適用されるようになったのは、アメリカでした。一八三〇年代には、株式を公開している上場企業のほとんどが有限責任を認められるようになっていました。[15] イギリスで多くの企業に株主に対する有限責任が認められたのは一八五五年でした。企業の所有者である株主が、その企業の負債の返済の義務を負わされているとすれば、株主になろうと思う人は少なくなります。しかし、責任が有限になれば、資本を提供しようと考える人も多くなります。株主にリスクを分有させ、企業家が負わなくてはいけないリスクを低減したという点では、株式会社は、新しいチャレンジを後押ししたのです。

もちろん、株式会社制度も完璧なものではありません。お金を出している株主と、株式（所有権）はほとんど持っていないけれど実際に企業を動かしている経営者との間で、利害の不一致が起こってきます。[16] 株主は、経営者が自分たちの利益にそぐわないことをしないように監視するのですが、それには大きなコストがかかります。細部までは監視しきれません。そのため、経営者が自分の利害を優先したり、不正をしたりすることもあります。このようなことがあると、資本市場の信頼性はゆらぎ、資本コストは高くなってしまいますから、イノベーションが阻害されてしまいます。だからこそ、このような不正は厳しく取り締まる必要があるのです。

株主に対する有限責任だけでなく、企業家に対する責任についてもイギリスで大きな変化がありました。一九世紀中頃までは、債務不履行になった場合には、その企業家は投獄されたのです。今から見るとかなり恐ろしい制度ですが、債務不履行で借り逃げを防ぐにはこれしかなかったのでしょう。しかし、イギリスで一八六九年に債務者法が成立し、債務不履行になったとしてもそれだけで監獄に入れられることはなくなったのです。これは、新しく事業を企図する人のリスクを引き下げました。失敗したら監獄入りする覚悟がなければならないとすれば、多くの人は新しい試みにチャレンジしないでしょう。

アメリカでは一九七一年に、新興企業向けの株式市場ナスダックが開設されました。その後、多くの国で同じような株式市場が整備されています。日本でも、マザーズやジャスダックといった新興企業向けの資本市場が設立されています。もちろん、それらを上手く機能させるために、アメリカでは公的年金基金のベンチャー・キャピタル・ファンドへの投資規制の緩和や、資本市場の継続的な改革などがなされてきました。[17] また現在では、株式市場を通じることなく、ベンチャー・キャピタルやエンジェル、あるいはクラウドファンディングなどから、ビジネスに必要な資本を調達することができるようになってきました。さらには大企業もベンチャー企業に出資するようになっています。これらを通じて、新しいアイディアを考え、それをビジネスに移そうとする人が、必要な資金を低コストで調達できるようになってきているのです。

第四章　イノベーションをめぐるトレードオフ

前章では、イノベーションを持続的に生み出すのにとても大切な三つの基本ルールを見てきました。それでは、イノベーションが一度生み出され始めると、どのような経験的な規則性が見られるのでしょうか。ここでは、これまでのイノベーション研究で発見されたパターンの中でも、繰り返し観察されてきている、つまり最も頑健性の高いパターンであるイノベーションをめぐるトレードオフを中心に見ていきましょう。

イノベーターの慢心？

「21世紀に間にあいました。」というコピーは大きなインパクトを持っていました。これは、トヨタ自動車「プリウス」の宣伝のキャッチコピーです。トヨタ自動車は、一九九五年の東京モーターショーで、ハイブリッド・カーの原型となるコンセプト・カーを発表し、一九九七年に初代のプリウスを発売しました。

「さすがトヨタ自動車」と世界中が驚いたのです。それから二〇年以上が経ちました。しかし、残念ながら、プリウスのようなラディカルなイノベーションはまだ生み出されていません。水素自動車や電気自動車は出てきましたが、ハイブリッド車のようなインパクトがあるかと言われれば、現時点ではやや疑問です。その後に出されているものは、ハイブリッドの他の車種への拡張やプラグインハイブリッドなどです。自動運転技術にも新しいものがありますが、グーグルなどがリードしたものであり、トヨタ自動車が先導しているものではありません。

アップルコンピュータは、二〇〇七年にiPhoneを発売し、大きなヒットを記録しました。スマートフォン市場を大きく開拓したのです。それ以来、アップルコンピュータは、リニューアルしたiPhoneを発表してきました。そのシリーズは、3，4、5、6、7、8、XR、10と続いています。毎年、新しいモデルを出してくるのには驚きます。しかし、それらはどれも既存の枠組みを壊すものではなく、現在のモデルの改良型です。GやSやC、SE、Plus、Xなどのモデルもありましたが、画面が大きくなったりきれいになったり、演算処理のスピードが早くなったりと、既存技術の延長線上の改良ばかりです。

なぜ、大きな変革のあとは、改善ばかりになっていくのでしょうか。ラディカルなイノベーションを起こした企業の慢心でしょうか。あるいは、創造性がだんだんなくなってきてしまうのでしょうか。この原因は、これまでのイノベーション研究によって明らかになってきています。これは、慢心や創造性の低減などという精神的な要因ではないのです。

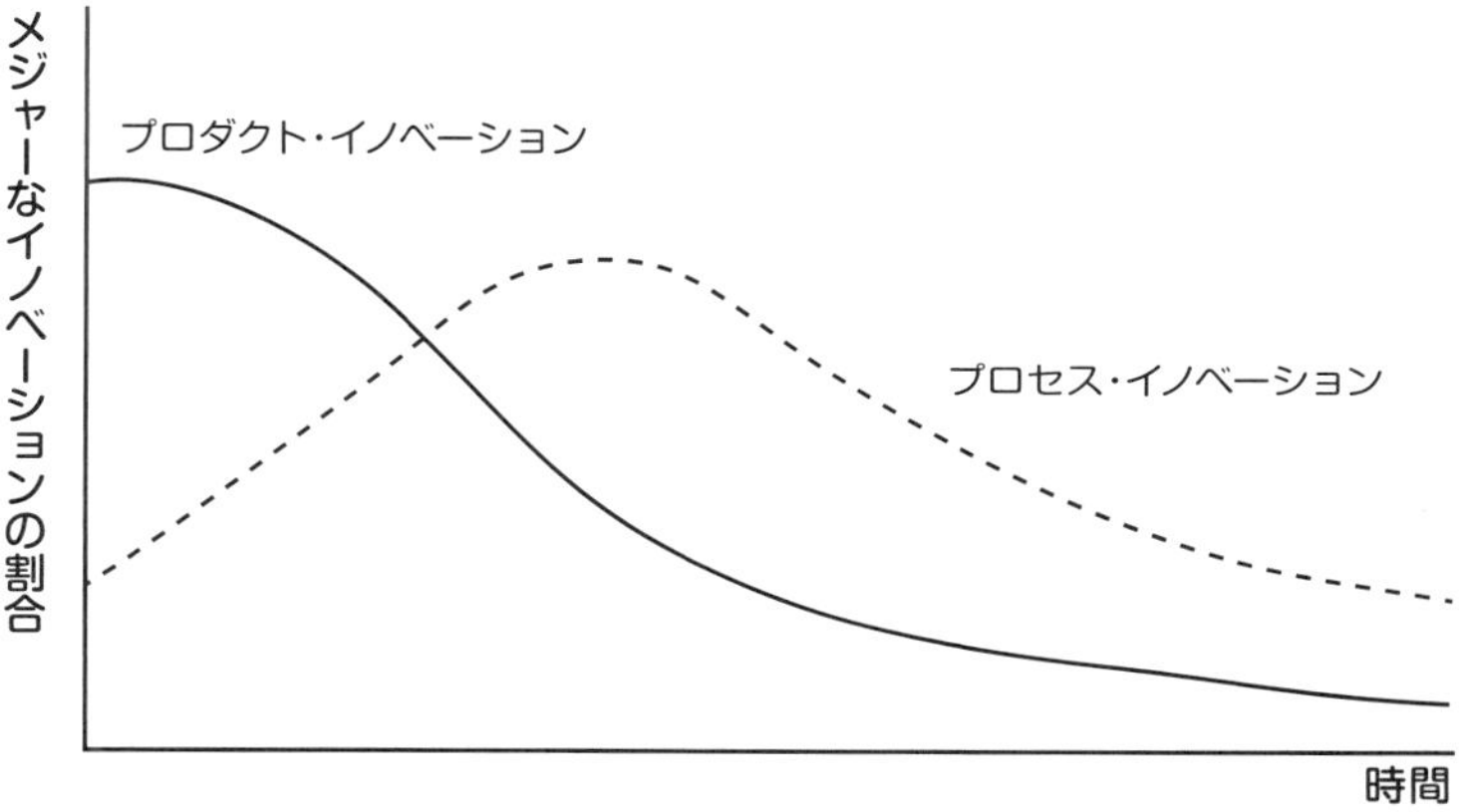

図２：プロダクト・イノベーションとプロセス・イノベーションの推移
出所：（Utterback & Abernathy, 1975）の図１を参考に筆者作成

生産性のジレンマ

イノベーションにはトレードオフがあります。今でこそ経営学の常識として扱われていますが、これはこれまでのイノベーション研究から分かった成果の中でも、おそらく最も大きな発見だと言えます。

それを発見したのは、マサチューセッツ工科大学のジェームズ・アターバックとハーバード大学のウィリアム・アバナシーです。彼らは一九六九年に、それまで十把《じっぱ》一絡《ひとから》げに扱われていたイノベーションを、新しい製品やサービスを生み出す「プロダクト・イノベーション」と、生産工程を新しくする「プロセス・イノベーション」の二つに分けて、その間に重要なトレードオフが存在していたことを突き止めたのです。つまり、一方を追求していけばいくほど、他方が犠牲になるというのです。

アターバックとアバナシーは、商業的に成功した五六七のアメリカのイノベーションを分析し、それらがプロダクト・イノベーションであったのか、あるいはプロセス・イノベーションであったのか、いつの時点で生み出されたイノベーションなのかを調べていきました[1]。その結果、商業的に成功したメジャーなイノベーションを見てみると、初期の段階ではプロダクト・イノベーションが多く起こっていた一方で、プロセス・イノベーションは少なかったのです。そして、徐々にプロダクト・イノベーションが少なくなるとともに、プロセス・イノベーションが多くなっていったのです。これを図示したものが、前頁の図2です。

アバナシーは、アメリカの自動車産業のイノベーションと工場レベルでの生産性を丁寧に分析し、ここにも同じようなトレードオフを発見しています。自動車を組み立てる工場の生産性が高くなればなるほど（工場レベルでのプロセス・イノベーションが増えていけばいくほど）、製品において新規性の高いイノベーションは減っていたのです[2]。彼は、このトレードオフを「生産性のジレンマ」と名付けました。

その後、自動車産業などの製造業だけでなく、ゲームのソフトウェア開発や映画のコンテンツなどさまざまな領域で、生産性のジレンマと言われるこのようなトレードオフがあることが分かってきています[3]。さらに、このトレードオフは、南北戦争前のアメリカの互換性部品を生産する製造システムに起源を持つことも歴史家によって明らかにされています[4]。

累積的なイノベーションの重要性

「プロセス・イノベーションは所詮小さな改良であり、イノベーションと言えるのは、ラディカル（急進的）なプロダクト・イノベーションだけ」と考える人もいるでしょう。[5] こう考えるとすれば、トレードオフがあったとしても、重要なのはプロダクト・イノベーションの方だから、それをどのように生み出していくかを考えていけば良いということになります。

しかし、イノベーション研究では、累積的なプロセス・イノベーションの重要性が繰り返し発見されてきました。そこで分かっているのは、ラディカルなイノベーションは、それが生まれた段階では、ほとんど「使い物にならない」ということです。社会を大きく変革し、大きな経済的価値を生み出す潜在性を持ってはいるのですが、そのままでは粗野すぎて、生産性を上げるどころかむしろ下げてしまいかねない代物なのです。

第一章で、イノベーションのインパクトは時間差で訪れるということを話しました。イギリスの産業革命で重要な役割をになった蒸気機関も、発明された当初の熱効率は低く、故障も多く、はっきり言って使い物にならないものだったのです。累積的な改良が重ねられることによって、はじめて実用的な蒸気機関になっていくわけです。もしも、そのような累積的なイノベーションがなかったとすれば、大きな可能性を秘めているものであったとしても、花開くことはないのです。

産業革命なんて古い時代の話であり、現代ではそんなに時間はかからないと考える人もいるでしょう。しかし、現在、大きな注目を集めている人工知能や自動運転などにしても、同じことです。人工知能は一九五六年には既に基本的なアイディアが生み出されていました。しかも、そのアイディアは一九五六年に唐突に生み出されたものではなく、一九五〇年代初頭から研究者の間で議論がされていたものでした。しかし、人工知能を実際に「使えるもの」にするのには、長い時間がかかっているのです。自動運転技術もここ数年で急に開発されたものではなく、アンチロック・ブレーキング・システム（Antilock-Braking System：ABS）は一九七八年に導入されています。一九八〇年代から、自動で走る車の開発が各社で少しずつ始まり、一九八七年にはヨーロッパで無人で走る自動車を開発するEUREKAプロメテウス計画が始まりました。そこから三〇年経っても、まだ部分的な自動化が精一杯で、人の手を借りずに車自体が自律的に動くという技術は完成されていないのです。ラディカルなイノベーションであると考えられている人工知能や自動運転ですら、累積的な改良がなされているからこそ、徐々に「使えるもの」になっていくわけです。

ラディカルなイノベーションを生み出しただけでは、生産性は上がりません。それに対する累積的なイノベーションを重ねていくことによって、ようやく生産性は向上し、「使える」ものとなっていくのです。

新規参入とイノベーション

生産性のジレンマと名付けられたトレードオフが発見されてから、これを企業の競争力に応用する研究が出てきました。

一九八六年にハーバード大学のマイケル・タッシュマンとコーネル大学のフィリップ・アンダ

ーソンは、セメント、航空機、そしてミニコンピューターのそれぞれの産業で生み出されたイノベーションのパターンを分析しました。[6] そして、ラディカルで既存企業の強みを破壊するようなイノベーションは新規参入者によってもたらされていた一方で、累積的なイノベーションは既存企業からもたらされることが多いことを発見したのです。

セメント産業では、一八九六年に、燃料として粉末の石炭を燃やすプロセスの開発がなされました。セメントは、石灰と粘土を混ぜて回転式の窯《かま》で焼いて出来上がったものを粉砕してつくるのですが、これにより、セメントの製造に使われる回転式の窯が効率的に活用できるようになりました。これは、当時の既存のセメントメーカーの能力を大きく破壊するイノベーションでした。これを開発していたのは新規参入企業四社であり、既存企業で開発していたのはわずかに一社でした。

一九三五年にダグラス・エアクラフト（現在のボーイング）はDC-3という新しい航空機のデザインを生み出しました。世界で最初の大型で輸送力の高い機体であり、これによって多くの乗客や荷物を経済的に運ぶことが可能になりました。それまで航空機の需要は軍関係のものがほとんどだったのですが、このイノベーションのおかげで民間での空の旅が実現され、民間の空の需要が広がったのです。しかし、じつはDC-3は既存の航空機メーカーの累積的なイノベーションを基礎にしているものであり、既存のメーカーの能力を破壊するものではありませんでした。このDC-3と同様のタイプの開発を行っていたのは全て既存企業であり、それを行っていた新規参入企業は一社もなかったのです。

このように、ラディカルで既存企業の強みを破壊するようなイノベーションは新規参入企業からもたらされる傾向がある一方、累積的なイノベーションは既存企業からもたらされることが多いのです。この発見からすると、自動車産業でフォルクスワーゲンやトヨタ自動車、GMなどから破壊的なイノベーションが生み出されることを期待するのは、統計的推論上、難しいわけです。彼らから破壊的なイノベーションが期待できるのは、彼らが新しいビジネス領域に新規参入する時です。

日本企業は累積的なイノベーションには長けているものの、ラディカルなイノベーションは少ないと言われることがあります。この点については第二部でも考えていきますが、その理由の一つは、日本の産業の新規参入の少なさにあります。業界の顔ぶれが何十年も前と変わらないところでは、大きなイノベーションは期待できません。新規参入企業（スタートアップだけでなく、既存企業でも新規参入はありえます）こそが産業のダイナミズムを生むのです。

イノベーションのジレンマ

アバナシーが「生産性のジレンマ」と名付けたトレードオフや、それを企業の競争力に当てはめたタッシュマンらの研究をベースにして、「なぜ、既存企業（既存のリーダー企業）は新規参入企業のイノベーションに対応できず、その競争力を失うのか」と問いかけたのがハーバード大学のクレイトン・クリステンセンです。

クリステンセンが提唱した「イノベーションのジレンマ」という言葉を聞いたことがある人は

多いでしょう。(7) この「ジレンマ」は、アバナシーの「生産性のジレンマ」へのオマージュであり、イノベーションをめぐるトレードオフがあるからこそ起こる現象です。

イノベーションのジレンマとは、リーダー企業が、他社が新しく生み出したイノベーションについていけずに、その競争優位を失ってしまうというものです。イノベーションのジレンマは、よく見られる現象です。例えば、フィルム事業でリーダー企業であったイーストマン・コダックは、デジタル化の波にうまく対応できませんでした。レコード販売のタワーレコードは、音楽配信サービスの登場によって競争力を低下させ、アメリカでは破産しました。

有名な話ですが、世界で初めてデジタルカメラを発明したのは、コダックのスティーブ・サッソンだと言われています。一九七五年のことです。しかし、コダックがデジタルカメラを他社に先駆けて本格的に事業化することはありませんでした。技術力はあるのに、それを利用しなかったのです。

なぜ、リーダー企業は、新しいイノベーションに対応できないのでしょうか。クリステンセンは、アメリカのハードディスク業界の歴史を調べ、これはリーダー企業の慢心などといった精神論や大企業病と呼ばれるような官僚化のせいではなく、極めてまっとうで合理的な投資の意思決定の結果であることを指摘しています。

なぜ合理的な意思決定の結果なのでしょうか。そもそもリーダー企業というのは、顧客から最も多くの支持を獲得してきた企業です。顧客に選ばれるのには、きちんとした理由があります。製品の品質が良かったのかもしれませんし、価格競争力があったのかもしれません。あるいは、顧客に向けたサービスが高く評価されたのかもしれません。いずれにしても、リーダー企業は、顧客に向けて最も上手くビジネスの流れを創り上げてきた企業です。

当然のことながら、顧客に向けて上手くビジネスの流れを構築するためには、ヒト・モノ・カネといった経営資源を動員しないといけません。そして、せっかく投資をして顧客に支持されるビジネスを創り上げたとすれば、そこからできるだけ多くの経済的な利益を獲得しようとするでしょう。そこから得られるであろう経済的な利益を放棄して、すぐに次のプロジェクトに投資するのは経済合理的ではありません。まして、自分のこれまで構築してきた強みを破壊してしまう可能性があるプロジェクトに投資をすることなどは合理的ではないのです。

投資が不可逆的なものであればあるほど、それまでに投資をしたものから転換するのは簡単ではありません。ここで投資と言うのは、技術開発や設備投資にかかった費用だけではありません。独自に行ったマーケティングや、開拓した顧客に対するサービスもあるでしょう。人々が学習したスキルも含みます。だからこそ、そこから離れられないのです。そこから離れて、また不確実性の高いプロジェクトに投資するよりも、累積的な改良を行い、できるだけ多くの利益を獲得する方が、確実性が高く、得なのです。つまり、リーダー企業は慢心しているから新しい技術への対応が遅れるのではなく、むしろ生真面目に顧客に向けて経営資源の最適化を進めてきた結果、競争力を失ってしまうのです。

さらに、新しい技術が登場してきたとしても、それが生まれた時には、まだまだ未熟であり、不確実性も高い場合がほとんどです。リーダー企業にとっては、自らのビジネスを脅かすかもしれない新しい技術が登場してきたとしても、その新しい技術に投資するより、自らが構築してきたビジネスの流れを磨くことに投資するほうがより大きな収益が期待できると考えるわけです。

一方で、新しく市場に参入する企業は、既存企業と同じ土俵で戦ってはなかなか勝ち目がありません。そのため、既存企業の能力を陳腐化させるようなイノベーションによって、新たに参入することが重要になります。新規参入企業は、既存のリーダー企業と比べるとそもそもそれほど不可逆的な投資をしていません。だからこそ、リーダー企業の競争力を大きく破壊するようなラディカルなイノベーションのタネに投資するわけです。そして、そのラディカルなイノベーションのタネが大きなビジネスへと育とうとする時に、リーダー企業が慌てて追いつこうとしても手遅れなのです。

日本でクリステンセンが人気の理由

クリステンセンの『イノベーションのジレンマ』は、日本でとても人気があります。もちろん同書は世界的にも高く評価されているものですが、欧米と比べても、日本では突出した人気があると言って良いでしょう。解説本など、関連する書籍も多く出版されています。

その理由は、日本のビジネスマンが勉強熱心だからというだけではありません。これは、リーダー企業が新しいイノベーションによってその競争力を大きく低下させるというイノベーションのジレンマが、日本の既存企業にとっては特に深刻な課題になるからです。

なぜ、日本の企業にとって特に深刻なのでしょうか。これは、第二部から詳しく見ていく「流動性」が深く関係しています。

日本企業は、人の流動性が低いなかでビジネスを行ってきました。第一次世界大戦と第二次世界大戦の間のいわゆる戦間期から労働市場があまり柔軟でなかったので、必要なスキルを持った人をすぐに市場から調達することがそれほど簡単ではなかったのです。だからこそ、日本企業は新卒の学生を一括で採用し、トレーニングしてきました。社内で競争させ、優秀な人材を昇格させてきたのです。せっかく社内でトレーニングをした人材が、途中で抜けてしまっては困ります。そこで、日本企業は年功序列的な給与体系を強め、長期的な雇用慣行を構築していったのです。

日本企業は、余剰人員が出たとしても、すぐに解雇などを行うことはしませんでした。これまで積み上げてきたインセンティブのシステムを破壊してしまうからです。もしも解雇などを行ってしまえば、働く人は「この会社で長く働くとは限らないかもしれない」と考えて、その会社のビジネスに必要な知識よりも、より汎用的な（どこの会社に行っても通じるような）知識（MBAで学ぶスキルや英語、あるいは公認会計士の資格など）を身につけようとするでしょうし、今ほど「会社のために」とはならなくなってしまうのです。

日本企業は、自社のビジネスの根幹を揺るがすような新しい技術が登場してきた場合でも、ビジネスの整理に伴って社員を解雇したりできないので、用意周到に準備して、ジレンマをどうにか回避しようとするのです。だからこそ、イノベーションのジレンマは日本の既存企業にとっては重大な課題なのです。

もちろん、人の流動性が比較的高いアメリカのような社会でも、既存企業にとっては、イノベーションのジレンマは回避すべき課題です。しかし、人の流動性が低い社会と比べると、社会的にはそれほど深刻な問題になりません。新しいイノベーションによって、自社のビジネスが陳腐化し、競争力が低下した（あるいは低下することが予期された）場合には、事業部ごと他の会社に売却したり、余剰人員を減らしたりすることが比較的やりやすいからです。

例えば、ＩＢＭは、デルコンピュータなどの生産性の高い組み立てメーカーや台湾メーカーの台頭により、パーソナル・コンピューター事業の収益性が低下すると予想したために、事業ごと売却しています。デュポンも、繊維や石油事業へ進出したものの、大きな収益性が見込めなくなると、すぐに売却しています。競争力を失ったビジネスを整理するだけでなく、新しいビジネスへ展開する際にも、人の流動性が高い場合は、労働市場から必要な人材を調達しやすいのです。あるいは、新しいビジネスを手がけている企業を丸ごと買収してしまうこともよく行われます。つまり、ビジネスの組み換えが、比較的、柔軟にできるのです。個人レベルで見ても、労働市場が流動的であれば、自分の能力に見合った就業機会が見出しやすいということになります。だからこそ、日本と比べると、イノベーションのジレンマがそれほど深刻な問題にならないのです。

人の流動性が低い戦後の日本では、イノベーションのジレンマは、回避すべき重大な課題となった一方で、流動性を高めていったアメリカのような社会では、イノベーションのジレンマは回避すべき課題ではあるものの、それほど深刻なものではなくなりつつあります。

第五章　イノベーションはマネジメントできるか

前章では、イノベーションについてこれまで繰り返し観察されてきた規則性を見てきました。生産性のジレンマやイノベーションのジレンマと呼ばれるトレードオフがあるのです。このトレードオフは、組織でイノベーションをマネジメントすることと深く関連しています。しかし、歴史的に見ると、イノベーションは必ずしも組織的に生み出されてきたわけではありません。ここでは、イノベーションと組織の関係を見ていきましょう。もともと野生的な側面が強かったイノベーションを、何とか社内で飼いならそうとしてきたことが分かります。

野生的だったイノベーション

産業革命を牽引したのは、個人の発明家や企業家たちでした。彼らは、自分たちで蒸気機関や紡績機をつくり、それをビジネスにしていったのです。発明家や企業家たちが、アニマル・スピリッツを発揮して、自分たちでなんとか経営資源を調達し、ビジネス・チャンスを追求してきました。その過程で企業が形成されていったのです。「大企業」が計画し、経営資源をつぎ込み、イノベーションを生み出していったわけではありません。歴史的に振り返ると、そもそもイノベーションは極めて野生的な存在だったのです。

しかし、その後、徐々にイノベーションの発生の仕方が変わってきました。生産に使う機械がどんどん高度化してきて、価格が上がりました。そうすると、新しい生産設備を導入するためには、資本市場から大きな資金の調達が必要になってきます。当然、生産設備に投下した資金を効率よく回収するためには、大量に生産することが大切になります。規模の経済性を活かすわけです。大量生産と言っても、たくさん作ればどんどん売れるというほど単純ではありません。原材料をきちんと（できるだけ安く）調達し、（できるだけ高く売れる）マーケティングをしないといけません。生産工程の調整もしないといけません。それらのマネジメントは、発明家や企業家たちが一人でできるものではありません。組織的にきちんとマネジメントしなければならなくなったのです。つまり、極めて野生的な存在であったイノベーションを飼いならすために「企業」という存在が必要とされたのです。

垂直統合型企業の登場

二〇世紀にはいると、アメリカで、原材料の調達から生産、販売までを自社でまかなう、いわゆる垂直統合の程度の高い大企業が出てきました。企業の範囲が拡大してきたのです。なぜでしょう。これは取引費用が関係しています。

新規性が高い製品やサービスを生み出そうと思った場合には、そもそも信頼できる供給業者が少なかったり、適切な流通業者を見つけるのが大変だったりします。市場を通じて取引をする場合には、取引相手を探したり、価格が適切であるのかを調べたり、きちんと契約が履行されるのかなどをモニタリングしなければなりません。市場で取引を行うことに付随して発生するこのような費用のことを、取引費用と言います。取引費用が高い場合には、企業はその取引を社内へと内部化します。「自社でやった方がまだマシ（安い）」なのです。

分かりやすい例で考えましょう。もしも、あなたが家具を作る会社を立ち上げたとしましょう。家具を作るには、ネジとドライバーが必要です。あなたはネジとドライバーも自分で作るでしょうか。おそらく、「ネジとドライバーは買ってくる」という人が多いでしょう。わざわざ自分で作らなくても、品質の高いネジが売られているからです。日本ではネジは、ＪＩＳ規格で決められています。品質も安定していますし、価格も調べればだいたいすぐに分かります。自分で作るほうがよっぽど効率が悪いのです。

しかし、このような規格が存在せず、ネジのメーカーがそれぞれバラバラのネジを生産していたらどうでしょう。どこのネジが品質が良いのか、どこのメーカーが取引相手として適切なのか、どこのドライバーを買えば良いのかなどを探索しないといけなくなってきます。さらに、ネジに不具合があった場合のことを考えると、もっと話がややこしくなります。このようにネジを取引するのにかかるコストが大きい場合は、「しょうがないから、ネジ（とドライバー）も自分で作ろう」となるでしょう。その方が効率的になります。つまり、ネジとドライバーの生産を、社内に内部化するわけです。

市場での取引を円滑に行うための制度が未成熟だと、取引費用が高くなります。アメリカでは、イギリスなどと比べるとこの制度整備が遅れていました。取引費用が高かったのです。そのため、企業は多くの機能（原材料の調達や生産、販売など）を内部化したのです。つまり、垂直統合型の企業が多く出てきたのです。

取引費用を下げるためには、標準化や特許制度などの整備、あるいは商法などの法制度を整えることが大切です。情報の流れを良くするための技術（昔であれば電信や電話など）も大切です。制度の整備には時間がかかります。それがビジネス・チャンスの拡大に追いつかないことはよく見られます。つまり、垂直統合の程度の高い企業は、取引費用を下げる制度の整備が経済成長に追いつかない時に合理的な組織形態です。

ポートフォリオとイノベーション

多くの経営資源を社内に内部化した企業は、それらを効率的にマネジメントしてイノベーションを生み出していこうとしてきました。内部化したさまざまな経営資源を多重利用して、ビジネスも多角化させていきました。そして、組織の中でイノベーションをマネジメントする際に重要になってきたものがポートフォリオです。

なぜ、ポートフォリオがイノベーションにとって大切なのでしょう。劇場の例で考えてみましょう。ロンドンのイズリントンにサドラーズウェルズという劇場があります。イズリントンは、今ではすっかりおしゃれでポッシュ感のあるエリアですが、少し入るとロンドンの公営住宅があったり、いろいろな階層の人が住んでいるところです。サドラーズウェルズと言うと、競馬好きな人はアイルランドの有名なサラブレッドを思い出す人もいるかもしれません。優秀な種牡馬《しゅぼば》だったのですが、このサドラーズウェルズという名前は、イズリントンにある劇場からつけられたのです。

サドラーズウェルズ劇場の歴史は古く、一七世紀にまで遡ります。そこから、再建や移転を経て、現在、ロンドンで新しい芸術作品を生み出す中心的な劇場の一つです。伝統的な劇場から新しい作品を生み出すというのはなかなか珍しいのですが、なぜ、サドラーズウェルズはそれができているのでしょう。その秘密が、ポートフォリオなのです。

定番の演目だけを繰り返し上演していては、お客はそのうち飽きてしまいます。長期的に多くの人に劇場に足を運んでもらうために、サドラーズウェルズでは、オペラやコンテンポラリー・ダンスなどでかなり実験的な演目もやっています。もちろん、失敗するものもあります。むしろ失敗のほうが多いぐらいです。しかし、実験ですから、失敗は成功への必要な試行錯誤のステップと受け止められます。その中からヒット作が生まれてくれれば良いという考えなので、実験的作品については収益性を脇に置き、とにかく「新しさ」と「数を打つ」ことが大切とされます。その一方で、定番の作品ではしっかりと稼ぐことが重要です。実験的な試みをバックアップする収益性が求められるわけです。

このように、「イノベーションのジレンマ」を避けるためには、ポートフォリオを組むことが

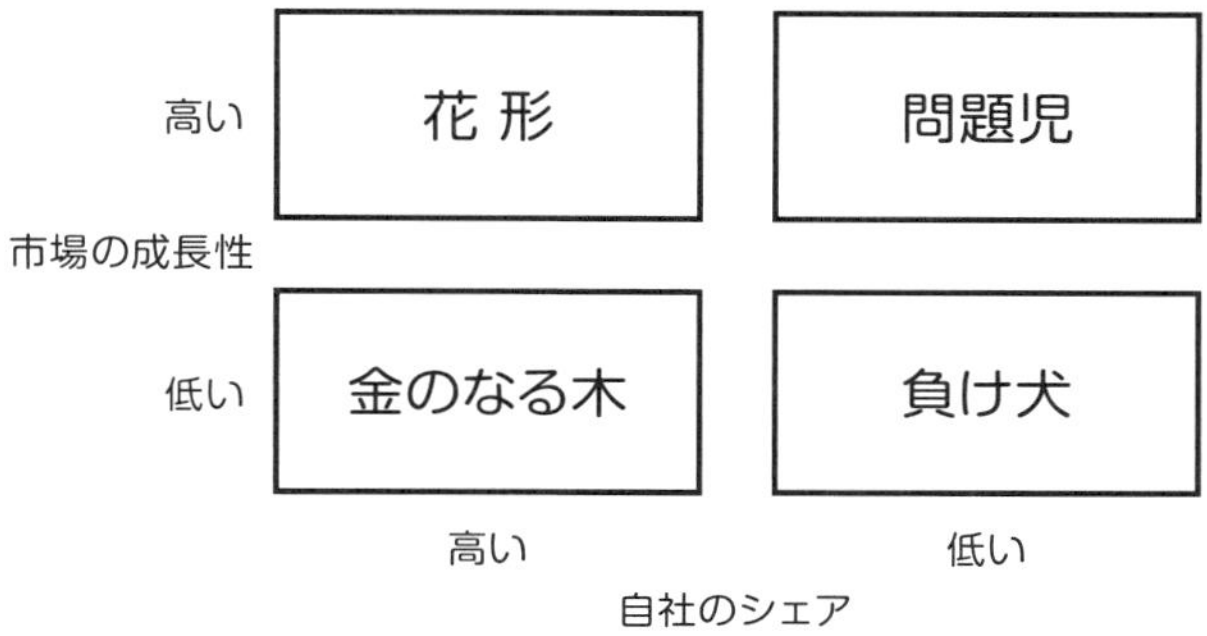

図３：ポートフォリオ・マネジメント

重要になります。ビジネスでのポートフォリオの組み方はいろいろあります。ここではボストン コンサルティング グループのポートフォリオ・マネジメントを例に考えてみましょう（図3）。全社的な戦略を考える上でとても有名になったものなので、どこかで聞いたことがある人も多いでしょう。最先端の経営学の理論からすれば、このポートフォリオ・マネジメントはさすがにやや古くなってしまいましたが、ここでは分かりやすさを優先して、これを使って説明してみましょう。

このポートフォリオ・マネジメントでは、社内の事業を市場の成長性と自社のシェアの二つで分けて考えていきます。市場の成長性が高く、自社のシェアも高い事業は、「花形」となります。しかし、いつまでも成長し続ける市場はありませんから、そのうち「花形」事業の成長性も低下してきます。そうすると、「金のなる木」事業になるのです。企業にとっては、これは文字通り、キャッシュを生み出す事業になります。一方、市場の成長性が高いのに自社のシェアが低い事業は「問題児」であり、市場の成長性も自社のシェアも低い事業は「負け犬」と呼ばれます。

じつは企業の長期的な存続と発展にとって、大切なのは「花形」や「金のなる木」だけではありません。「問題児」もとても大切なのです。収益性はものすごく高いのですが、それほど成長していない企業があります。ニッチ市場でのリーダー企業には結構多いのです。このような企業の事業のポートフォリオを見てみると、「金のなる木」の事業ばかりということがあります。確かに、収益性はとても高いのですが、長期的な存続と発展という観点から見ると、このような企業にはやや危うさがあります。市場の成長がゆっくりと低下していくにしたがって、その会社の成長もなくなってくるのです。

だからこそ、「問題児」を社内に抱えておくことは大切なのです。「問題児」を「花形」に育て、そして、「金のなる木」にしていくのです。そのためには、まずは、「負け犬」事業からは早めに撤退し、キャッシュに変えます。さらに、「金のなる木」の事業にはできるだけ投資をせずに、キャッシュを引き出します。そして、それらを「問題児」に投資して「花形」にしていき、そこで競争力を保つようにするわけです。

イノベーションが最も必要になるのは、ポートフォリオのどの事業でしょうか。もちろん、「問題児」です。ここは、市場は伸びているのに自社のシェアが小さいのですから、今までと同じやり方をしていては、この事業を「花形」にすることはできません。何か新しいやり方をしないといけないのです。市場が成長しているなら、良いアイディアには大きな投資をしても良いでしょう。

そうは言っても、「金のなる木」の事業部の人が素晴らしいイノベーションのアイディアを思いつく場合もあるでしょう。そういう場合はどうすれば良いでしょうか。もちろん、大きな投資が必要なく、確実なリターンが見込めるものであれば採用しても良いでしょう。しかし、もし大きな投資が必要だとすれば、あまりお勧めできません。ポートフォリオの観点からすると、「金のなる木」の事業にはできるだけ投資をせずに多くのキャッシュを引き出すことが大切なのです。

日本企業では、ポートフォリオ上の役割が違う事業なのに、ビジネス上の評価はほぼ同じ基準でなされていることが多いようです。しかし、「問題児」を「金のなる木」と同一の収益ベースで評価することは賢いやり方ではありません。新しいことを次々と試さないといけない「問題児」の事業なのに、「儲かるのか」「上手くいく保証はあるのか」と問い続けたら、「花形」にはなれないでしょう。あるいは、「金のなる木」の事業なのに、「イノベーションが少ない」とネガティブな評価をしたらどうでしょう。まるで、サドラーズウェルズ劇場で実験的な取り組みに安定的な収益性を求めたり、定番に新しさを求めたりするのと同じような、愚かなマネジメントと言えるでしょう。

研究開発を内部化する

企業が社内に内部化した機能の中で、イノベーションの生成のパターンに大きな影響を与えたものは研究開発（Research and Development の頭文字をとってR＆Dとも呼ばれます）です。研究開発は、新しい製品やサービス、あるいは新しい生産プロセスを創り出すために基盤となる研究をしたり、技術を開発したりする活動です。簡単に言えば、企業が新しい製品やサービスのアイディアや技術を自分たちで創り出そうと考え始めたのです。個人の発明家や企業家が生み出してきたイノベーションのタネを、企業の内部で生み出そうとし始めたのです。つまり、イノベーションをマネジメント（管理）しようとしたわけです。

アメリカで最初に研究開発機能を組織化した企業は、ペンシルバニア鉄道だと言われています。ペンシルバニア鉄道は一八七五年に、化学の研究者を雇用し、鉄道のレールの研究開発を始めました。自らの経営資源の価値を高めるための研究開発を自社で開始したわけです。翌年には、トーマス・エジソンがニュージャージーのメンローパークに自らの発明活動を組織化するために研究所を設立しました。一九〇〇年には、エジソンやマサチューセッツ工科大学のウィリス・ホイットニーらが、ゼネラル・エレクトリックの研究所を設立しました。多くの企業が研究開発を内部化し始めたのは、二〇世紀になってからです。

研究開発の水準では、第一次世界大戦まではドイツが世界をリードしていました。ドイツ語で書かれた論文が国際的な科学の世界では支配的でした。企業による研究開発の内部化においても、ドイツが先を行っていたのです。

アメリカにおいて企業が研究開発機能の内部化を本格化させるきっかけは、第一次世界大戦でした。この戦争によって、ヨーロッパからアメリカへの化学品などの輸入が大きく制限されたのです。また、軍事関連の製品の需要も高まったため、化学産業を中心にアメリカにおいて企業の研究開発活動が進みました。ヨーロッパから技術が入ってくるのを待っていては、ビジネス・チャンスを逃すという状況になったのです。それなら、自分でつくろうと考えたわけです。

戦争が終わった後も、研究開発活動を行う企業の数は増加していきました。研究開発に対する企業の投資は増え、その範囲も応用や開発だけでなく、より基礎的な研究に力を入れるような企業も現れました。一九二五年には、AT&Tとウエスタン・エレクトリックはベル研究所を設立しました。ベル研究所は、AT&Tとウエスタン・エレクトリック向けのデバイスやシステムの研究開発を行っていましたが、基礎研究にも経営資源を投じており、世界の研究開発をリードする水準にまで達しました。IBMが一九五二年に設立したサンノゼ研究所や、一九六一年に設立したワトソン研究所などでも先進的な基礎研究がされるようになりました。

その頃になると、日本でも研究開発を企業内部に組織化する企業が出始めました。じつは、日立製作所は一九四二年に中央研究所を設立しており、国内ではかなり早い段階での先進的な取り組みでしたが、このような動きが日本で本格化したのは一九六〇年代に入ってからです。火付け役はソニーでした。ソニーは欧米に負けない先進的な研究をするために、一九六一年に研究所を設立しました。ここから日本でも中央研究所ブームが起こっていったのです。

セレンディピティとマネジメント

このようにいろいろなところで中央研究所が設立され、イノベーションを生み出そうという試みがなされてきました。しかし、どうも上手くいきません。当初は世界を大きく変えるような新しいアイディアが出てくるかと期待されていたのですが、なかなかそのような期待に見合う成果が出ないのです。成果が出たとしても、どうも自社のビジネスに妙に寄り添っていたり、取引先に配慮したようなものであったりして、新規性が小さいものばかりです。そのため、中央研究所を縮小したり、廃止したりする企業が相次ぎました。

なぜ、中央研究所は期待されていたような成果を生み出せなかったのでしょうか。それを考えるために、細菌学者のアレクサンダー・フレミングの事例を参照してみたいと思います。フレミングは、二つの抗生物質（リゾチームとペニシリン）を発見しました。リゾチームは殺菌作用を持つ酵素で、薬だけでなく、食品添加物などとしても広く使われています。ペニシリンはご存知の通り、多くの人の命を救いました。フレミングは、ペニシリンの発見で一九四五年にノーベル賞を受賞しています。

これら二つの偉大な発見は、偶然の要素が大きかったと言われています。リゾチームは、フレミングが細菌を塗抹したシャーレの上でくしゃみをし、それがそのまま放置されていたことで発見されました。ペニシリンは、ブドウ球菌を培養中のシャーレに、偶然、カビの胞子が落ち、カビの周りのブドウ球菌が溶解していることをフレミングが発見したのです。フレミングの実験室が雑然としていたことが良かったのかもしれません。このような偶然は、セレンディピティと呼ばれています。偶然によってたまたま価値あるものと出会う、幸運の賜物です。

もしも、フレミングが大規模な研究開発のチームの一員で、有能なマネージャーがしっかり管理していたら、リゾチームやペニシリンは発見できたでしょうか。マスクの着用が義務付けられていたかもしれませんし、部屋も清潔に保たれ、シャーレに偶然カビの胞子が落ちるなんてこともなかったかもしれません。あるいは、そのような偶然に恵まれたとしても、想定していなかった新しい現象を掘り下げて調べてみるという回り道は許されなかったかもしれません。

マネジメントがどの程度セレンディピティを許容してくれるかは、イノベーションにとって大切な要素です。新しい試みは、誰もやったことがないわけですから、不確実性がつきものです。マネジメントとは、基本的に管理であり、計画が必ず伴います。計画通りにマネジメントしようとすると、不確実性はどうしても邪魔な存在です。

二〇一五年、科学的に新しい知見がどのように生まれるのかを分析するために、私たち一橋大学イノベーション研究センターの研究グループ（当時、私は同センターに奉職していました）は、ジョージア工科大学や科学技術・学術政策研究所と共同で、日米の科学者、それぞれ一万人を対象にサーベイ調査をしました。このデータを分析してみたところ、領域によって違いはありましたが、おおよそ五五％の研究プロジェクトで偶然の発見があったことが分かりました①。

しかし、偶然の発見があったとしても、それを実際に追究するかどうかはまた別の話です。そこで、私たちは、どのようなマネジメントがあるとこの偶然の発見が追究されるのかを分析してみました。その結果、偶然の発見が追究されるかどうかは、実質的に研究を推進する人とプロジェクトをマネジメントする人が、①別の人の場合と②同じ人の場合で、大きく違っていたのです。具体的に言えば、①の場合には、②の場合と比べると、偶然の発見の深掘りがなされていなかったのです。つまり、研究とマネジメントの分業がなされていると、セレンディピティに出会ったとしても追究されにくいのです。もしもフレミングが大規模な研究開発プロジェクトで研究をしていて、そこに効率的なマネージャーがいたとすれば、リゾチームやペニシリンの発見がなされなかった（あるいは遅れていた）可能性を強く示唆する結果です。

研究プロジェクトそれ自体を効率的に運営していこうとすれば、偶然を追究するのは不確実性も高いですし、回り道になります。それを追究することになぜ価値がありそうなのか、なぜ上手くいきそうだと思うのかをマネージャーに説明し、回り道をすることに納得してもらわないといけません。それはなかなか大変ですし、スピードも遅くなります。幸運の神様（カイロス）は、前髪しかありません。ボーッとしていたり、マネジメントとの調整に時間がかかったりしていては、すぐに通り過ぎてしまいます。後から追ってももう捕まえられず、他の人がチャンスを掴むことになるのです。

イノベーションっぽいこと探し

社内でイノベーションを生み出し、マネジメントしていこうと考えると、当然、イノベーションを生み出すことが目標に掲げられます。証券取引所に株式を公開している企業は、有価証券報告書を金融庁に提出しなければなりません。株主や債権者、あるいはより幅広いステークホルダーに、ビジネスの状況や設備、株式、あるいは財務諸表などの経理の状況などを開示しています。そこで、有価証券報告書の中に「イノベーション」という言葉が出てくる企業がどれだけあるかを調べてみると、二〇一六年九月から二〇一七年八月に決算日のある企業で見てみると、一一三〇社もあるのです。経営方針にイノベーションという言葉が入ったり、中期計画にイノベーションの推進が目標と掲げられたり、イノベーションが名前に入る組織が立ち上げられたり、イノベーション本部長やイノベーションオフィサーといった肩書もあります。このように、中身はいろいろです。なにより驚くのが、数が増えていることです。一〇年前の二〇〇六〜二〇〇七年にはまだ二六二社でした。一〇年で四倍以上になっているのです。もちろん、日本で株式を公開している企業の数はそこまで増えていませんから、すごい勢いでイノベーションという言葉が日本企業の中に浸透しています。

イノベーションという言葉が社内に浸透し、「誰もがそれを目指す（あるいは目指すべき）」という形になると、全社的なポートフォリオ上の位置づけが異なる事業であったとしても、同じような規準で評価されるようになってしまうことがあります。

そもそも、イノベーションとは目指すものというよりも、あくまでも課題解決の結果です。イノベーションを起こすことが目標になるということ自体、本末転倒ぎみです。この本末転倒が起こると、「どの事業でもやっぱりイノベーションを」となり、役割の違う事業を同一の基準で評価してしまいがちになります。イノベーションという言葉の力が強くなれば、「みんなが目指すべき目標」になってしまうのです。

目指すべき目標になって何が悪いのかと思う方もいるでしょう。しかし、イノベーションが目標になってしまうと、組織の中で困ったことが起こりがちです。組織の中で計画的にイノベーションを生み出そうとしても、そんなに上手くいくことばかりではありません。組織の目標にしてしまい、その達成が短期的に求められてくると、ついつい、どうすればイノベーションの成果っぽく見えるかを考えるようになってしまいがちです。目標との帳尻合わせが始まってしまうのです。見せかけだけの無意味な「イノベーションっぽく見えるもの」が次々と生み出され、その企業の生産性はかえって低下することになるでしょう。イノベーションを組織の中に飼いならそうとすることの最も悪い結末です。

野生の状態をできるだけ保全する

組織の中で管理すると、どうしてもイノベーションの「野生性」が失われ、本来の性質が発揮できなくなる傾向もあります。新規性の高いアイディアであったとしても、社内での検討を重ねるにつれて、既存のビジネスのあり方やそこでの取引相手との関係などに変に気を使ったものになってしまうこともあるでしょう。

ケインズが指摘したアニマル・スピリッツが失われるという側面も大きいでしょう。これは、シュムペーターも指摘していた点です(2)。組織が大きくなり、階層的になり、公式化の程度が高まり、文書化も進みます。意思決定が官僚的になっていきます。新しいアイディアと信念があったとしても、その根拠が乏しかったり、実績がなかったり(新しいから実績はないのが当たり前なのですが)すると、大規模な組織で何段階も階層を踏んだ意思決定を経ていくうちに、アニマル・スピリッツはどんどん削がれてしまうのです。ここが、イノベーションを「飼いならす」のが難しい理由です。

また、本当に自社の経営資源(人材や技術)がイノベーションを生み出すためにベストかどうかすら分かりません。優秀な人材は世界中に拡散しています。そのため、企業は大型の中央研究所を作って、イノベーションを内部で管理して生み出そうとすることから、イノベーションが生まれやすい環境を整えようとする方へシフトしていっています。飼いならそうとするよりも、野生の状態をできるだけ保全して、そこから生まれたイノベーションのタネを取り入れようとしてきているのです。

その一つの方法が、いわゆるコーポレート・ベンチャー・キャピタルという動きです。大企業が自社でベンチャー・キャピタルを設立し、スタートアップに投資をするというやり方で、アメリカで始まり、日本でも広がってきました。また、社外との協力関係を構築してイノベーションを生み出そうという「オープン・イノベーション」と呼ばれる手法も注目されるようになっています。野生に育っていたイノベーションをどうにか社内で飼いならそうとしたのだけれど上手く行かず、野生の状態をできるだけ保全する「放牧」にシフトしてきていると言えるでしょう。

第二部　日本のイノベーションは衰えたのか

一九四五年の日本の一人あたりＧＤＰはブラジルとほぼ同じ、オランダのおよそ半分、ベルギーの三分の一の水準でした。そこから、日本は大きな経済成長を遂げました。一九五〇年から一九七三年までの成長率は九・二九％です。当時の世界の成長率が四・九％だったので、およそ倍のスピードで成長していったのです。ところが、一九九〇年代に入ると、日本の経済成長は鈍化し、いわゆる「失われた二〇年」と呼ばれる低成長時代に入ります。なぜ日本は急に成長できなくなってしまったのでしょう。低成長とイノベーションはどのような関係を持っているのでしょうか。この第二部では、戦後の日本のイノベーションを振り返っていきましょう。

第六章　成長を停滞させた犯人は誰か

まずは戦後の日本の経済成長を確認してみましょう。経済成長の中でイノベーションはどの程度貢献してきたのでしょうか。詳しく見ていくと、日本の成長においてイノベーションの貢献が少なくなり始めるのは思いのほか早かったことが分かります。また、日本の動向だけではなく、アメリカも見ていきましょう。これにより、日本におけるイノベーションの在り方が相対的に見られるはずです。

経済の成長と停滞

第三章でも見たように、日本で経済が加速度的に成長するようになったのは、一九世紀後半からです。イノベーションが持続的に生み出されるようになったのは、明治維新後となります。まずは、明治維新後から二〇一〇年代までの成長の軌跡を見てみましょう。

一二七頁の図4は、一八八五年からの、日本とアメリカの一人あたりの実質ＧＤＰの成長を表しています。一八八五年（明治一八年）は、日本で専売特許条例が公布された年です。これはイノベーターが得をすること（専有可能性を確保すること）を促すものであり、イノベーションが持続的に生み出されるためには重要な制度の導入でした。

まず注目してもらいたいのは、ＧＤＰを示す線の傾きです。右肩上がりの傾きが急になればそれだけ成長していることを示し、その傾きが緩やかになれば成長しなくなってきたことになります。図４を見ると、一八八五年から日本の一人あたり実質ＧＤＰはわずかずつではありますが、成長しています。アメリカと比べるとＧＤＰの絶対額では日本はまだ三分の一程度ですが、アメリカの成長とほぼ同じ傾きで成長していることが分かります。つまり、成長のスピードとしては同じぐらいだったのです。

第二次世界大戦の影響から、一九四五年には大きく落ち込むものの、戦後、その傾きは急なものになります。特に一九六〇年代から一九七三年のオイルショックまでのいわゆる高度経済成長期には、アメリカと比べても速い成長をしていたことが分かります。急速にアメリカに追いついていったのです。オイルショック以降、その成長の傾きはやや緩やかになるものの、依然としてアメリカとの差を少しずつ詰めています。ただ、一九九〇年代に入ると、明らかに戦後のそれまでの成長とは異なり、成長がかなり緩やかになっています。それまでと同じような成長を維持しているアメリカと比べると、日本の成長は鈍化しているのがよく分かります。

低成長の犯人を追え

図４：日本とアメリカの一人あたり実質 GDP の成長（単位 国際GKドル）
出所：The Maddison-Project, http://www.ggdc.net/maddison/maddison-project/home.htm, 2013 version. See country-source references in the appendix of Bolt and van Zanden (2014).

なぜ日本の成長は停滞してしまったのでしょうか。その「犯人」を捜すために、まずは成長会計を見てみましょう。成長会計とは、第一章でも触れた通り（五四頁「イノベーションを測定する」参照）、経済成長の原因を、労働の投入量、資本の投入量、そして全要素生産性（Total Factor Productivity、以下ＴＦＰ）の三つに分けて考えるものです。ノーベル経済学賞を受賞したマサチューセッツ工科大学のロバート・ソローの成長モデルが基礎となっています。ＴＦＰは、経済成長のうち、労働や資本の成長では説明できない残渣部分であり、一般的にはイノベーションの代理指標と考えられています。

　ここでは、オランダのフローニンゲン大学がスタートさせたトータル・エコノミー・データベースと呼ばれるデータベースを使って見ていきます。このデータベースでは、経済成長（GDPの成長）に貢献した要因を労働の投入、資本の投入、そしてTFPの三つに分けた上で、さらに労働を量と質に分けています。労働の量は、働いた人数と時間です。質は働く人の教育水準です。(1)

図5と図6は、およそ六〇年間の日本とアメリカの成長とその要因の推移を示したものです。労働（量と質）、資本、そしてTFPの三つの要因をそれぞれ足していくと、GDPの成長になります。棒グラフが高く積み上がれば、それだけ成長しているということになります。

日本の高度経済成長期には、TFPの貢献が大きかったことがよく分かります。イノベーションに支えられた成長だったのです。また、投下された資本の貢献も見逃せません。設備投資が積極的であり、まさに投資がさらなる投資を呼ぶ成長だったのです。労働の投入量も、TFPや資本ほどではありませんが貢献しています。高度経済成長期には三つの要因がすべてそろい踏みだったのです。

ところが、オイルショックを経ると少し様相が変わってきます。TFPの貢献がマイナスになってしまうのです。つまり、日本において成長に対するイノベーションの貢献が消えてきたのは、「失われた二〇年」よりもずっと早く、オイルショック以降だったのです。これは、その他の研究結果ともおおよそ一致しています。例えば、東京大学の林文夫さんとミネソタ大学のエドワード・プレスコットは、一九六〇年からのおよそ四〇年間の日本経済の成長会計を分析し、同じような結論を得ています。(2)

それでも日本経済は安定成長を続けていました。安定成長期の成長を支えていたのは、なんと

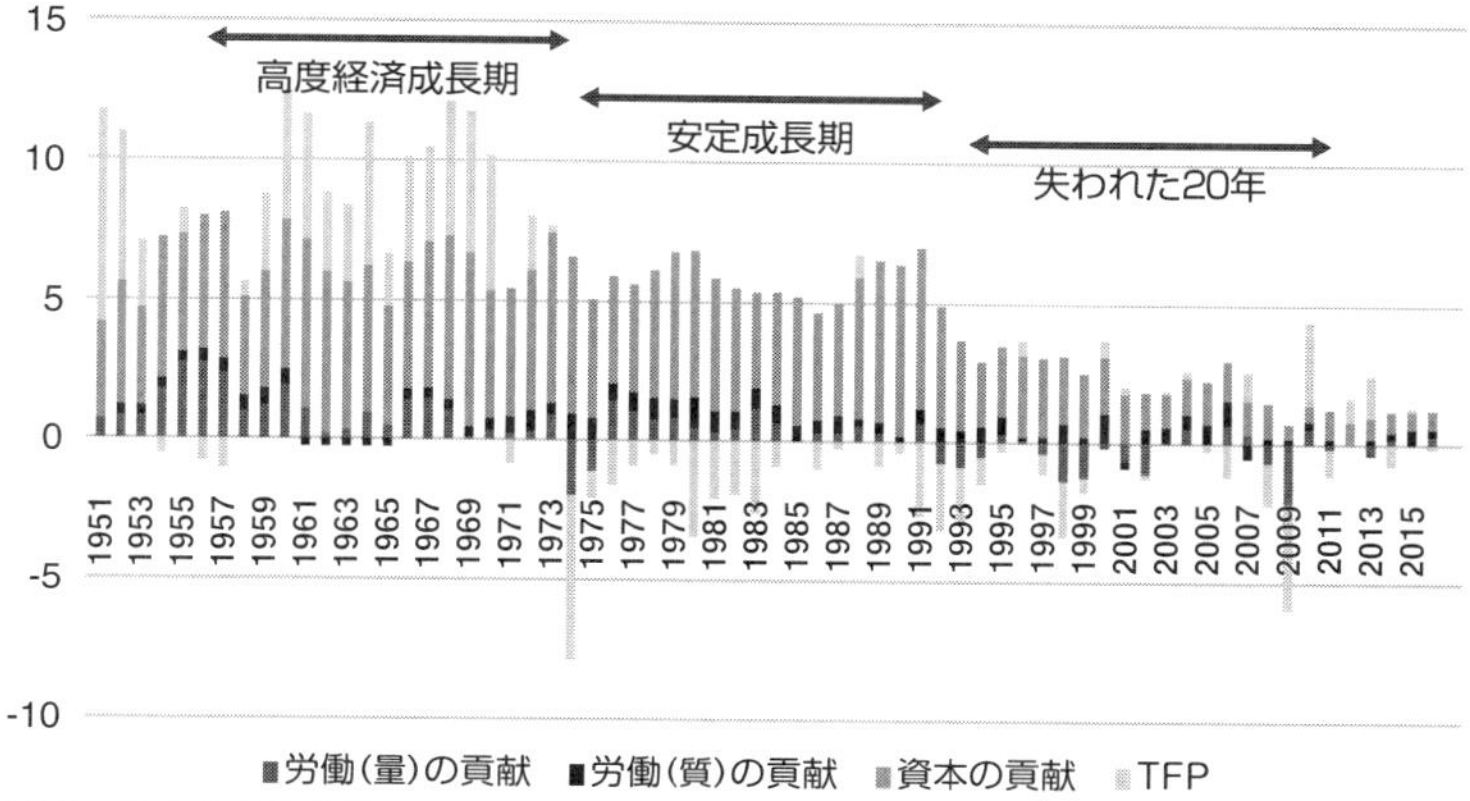

図５：日本の成長会計

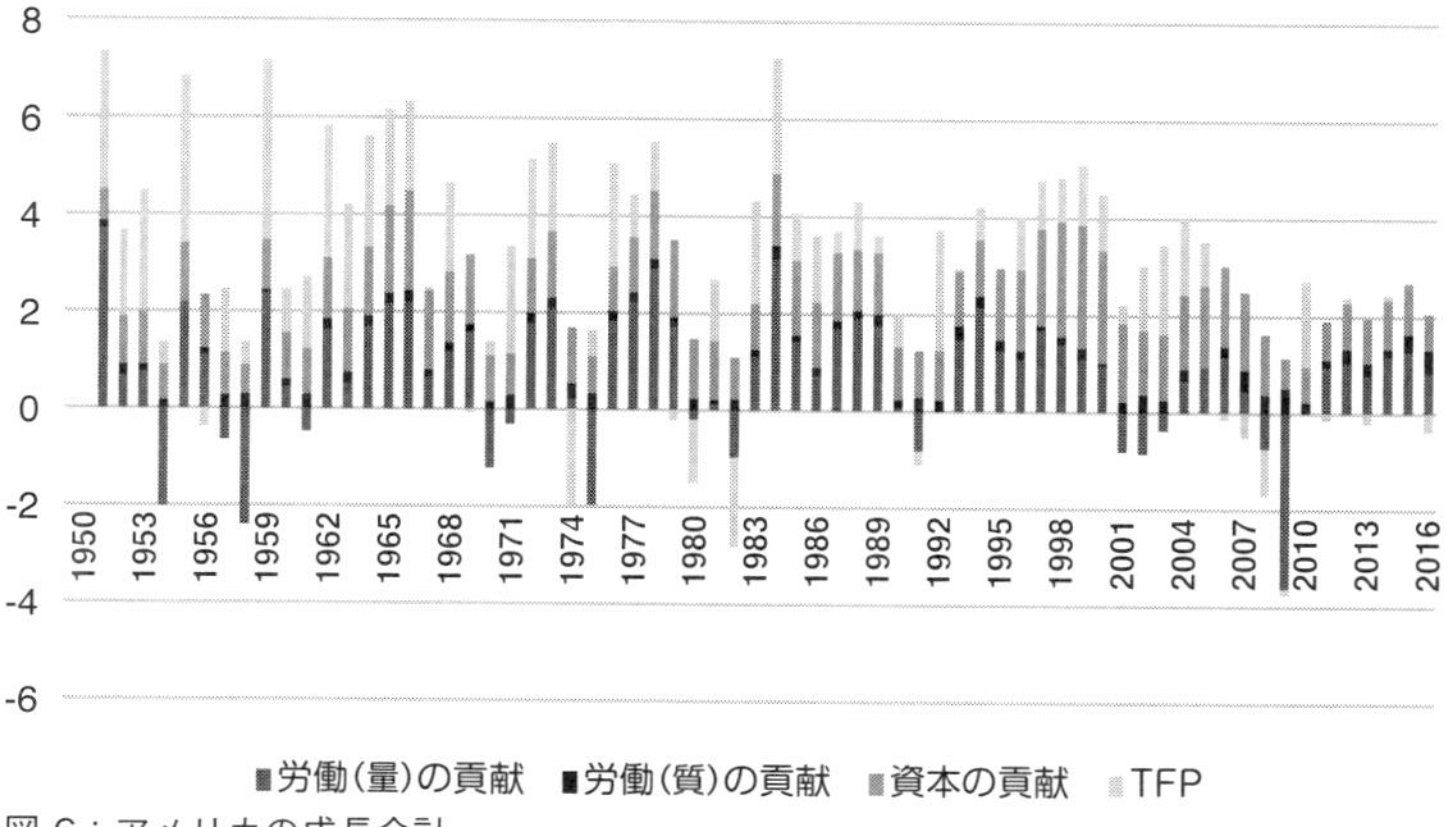

図６：アメリカの成長会計

出所：トータル・エコノミー・データベース

いっても資本の投下です。資本は、高度経済成長期とあまり変わらない貢献をしていたわけです。労働の投入も、質、量ともに成長に貢献していますが、その大きさは徐々に低減していきました。特に、労働の量の貢献は少なくなってきています。

働いている人の数の変化はこの期間にはそれほどありません。むしろ、働く人の数は、一九七五年から一九九五年の期間では二〇％増えています。およそ五六〇〇万人だったのが、一九九五年には六七〇〇万人ほどに増加したのです。しかし、労働時間はそこまで増えていません。一九七五年に日本で労働に費やされた時間は合計で一一〇〇億時間であり、それは一九九五年には一二八〇億時間になっています。増えてはいるのですが、一六％の成長であり、働く人の数ほどは増えていません。つまり、一人あたりの労働時間は少なくなっているのです。

犯人は「貸し渋り」なのか？

そして、問題の「失われた二〇年」です。成長会計からすると、低成長の「犯人」は一目瞭然です。それまでの頼みの綱だった資本の貢献が、大きく減少しています。

なぜでしょう。かねてより指摘されていることですが、一九九〇年代からのいわゆる「失われた二〇年」の成長低下の原因の一つとして、資源配分の歪みがあります。高い収益性が見込めないところに、経営資源が（歪んで）配分されたから、経済成長が阻害されてきたというのです。

なぜ、経営資源の配分が歪んでしまったのでしょう。具体的な原因として考えられているのが、銀行による「貸し渋り」と「追い貸し」です。これらは文字通り、融資を渋ったり、追加的な融資を行ったりというもので、「普通」では起こらないようなことです。

貸し渋りと追い貸しは、なぜ起こったのでしょうか。きっかけの一つとして考えられているのは、スイスのバーゼルでの合意です。

一九七四年に、アメリカやイギリス、フランス、ドイツ、日本、イタリアなどいわゆるG10（グループ・オブ・テン）の国の中央銀行が中心となって、バーゼル銀行監督委員会と呼ばれる委員会を組織しました。金融のグローバル化が進展していく中で、グローバルにビジネスを展開する銀行が破綻すると、それが波及して大きな金融危機になってしまう恐れがあります。国際的に金融市場を安定させるために、金融機関の監督において国際的なスタンダードをつくることがこの委員会設立の目的でした。

一九八八年にこの委員会が大きな合意をしたのです。それは、銀行の自己資本比率や流動性比率などに対して、国際的に統一した規準を設けることでした。この合意は、バーゼルⅠと呼ばれています。そこでは、銀行の自己資本比率の測り方が統一化され、グローバルにビジネスを展開する金融機関は、自己資本を八％以上にすることが求められました。日本では、一九九三年三月末から本格的に適用されることになりました。

バーゼルⅠは金融機関にとって寝耳に水だったわけではありません。一九五〇年代中頃から、日本の金融機関の自己資本比率の低さは課題と見なされてきたのです。一九八六年には、日本国内では、国内でビジネスをする金融機関はその自己資本比率を四％、海外でもビジネスをする金融機関は有価証券の含み益のうち七〇％を自己資本に組み入れた上で、六％程度を維持することが義務付けられました。しかし、それがこのバーゼルⅠで八％に引き上げられたのです。

銀行は、自己資本比率を上げなくてはならなくなりました。自己資本比率の分母は、債権や株式など元本割れする可能性がある資産（リスクアセット）です。分子は、資本金や引当金、準備金、株式などの含み益などです。比率を上げるためには、分母を減らすか、分子を増やすかです。当時は、ちょうどバブル経済崩壊と重なり、株価がピークから低下していくタイミングでした。さらに追い打ちをかけるように、二〇〇二年度から時価会計の導入が強制されました。企業が所有する有価証券の価値の算出が簿価から時価へと変更になったのです。そのため、有価証券の時価が下がれば含み損が出てしまい、それは自己資本比率の分子を減らしてしまいます。日本の銀行は、含み損が出てしまうという厳しい環境の中で、どうにか自己資本比率を上げなくてはならなくなったのです。

それでは、なぜ、銀行は貸し渋るようになったのでしょうか。貸し倒れのリスクが関係しています。銀行は融資の案件に対して、しっかりと審査をして融資をしています。それでも、融資先の倒産などにより、貸し倒れのリスクはあります。そのため、融資をした場合には、貸し倒れ引当金を用意することが義務付けられています。貸し倒れ引当金は、元本割れの可能性のあるリスクアセットですから、自己資本比率の分母になります。つまり、融資をすればするほど、銀行の自己資本比率は下がってしまうのです。さらに、貸し倒れのリスクは、一定ではありません。リスクの高いところもありますし、低いところもあります。そのため、銀行はできるだけ融資を絞った上で、さらに、できるだけリスクの少ないところに融資を行ったのです。自己資本比率を上げるためです。リスクの高いところには融資を渋ったり、それまで融資を行ってきた企業にも融資をやめたりすることとなりました。リスクが高い事業には、将来的に高い収益性が見込めるようなビジネスも多いのですが、そのようなビジネスに資金がまわらなくなってしまったのです。

「追い貸し」の罪

追い貸しも起こりました。不確実性が高いビジネスを行おうという新規の顧客に貸し渋る一方で、生産性の低い既存の顧客に追加的な融資を行ったのです。銀行の既存の顧客企業の中には、ビジネスが上手くいかなくなっている企業もあるでしょう。もしも、取引相手の企業が潰れてしまうと、それは不良債権となります。そのため、銀行はそのような企業に対して、追加的な融資を行い、延命させたのです。潰れそうな企業に追い貸しをしたわけです。建設業や不動産業などでは、九〇年代後半まで、借入金が多い企業にさらに追加的な融資がされました(3)。

「普通」であれば、生産性が低かったり、低収益で潰れそうだったりする企業には、経営資源の配分は行われません。そのような企業は市場から退出してもらう方が、社会的には効率的な経営資源の使い方になります。しかし、実際にはその反対のことが起こっていたのです。貸し渋りによって、将来高い収益性が見込めるようなリスクの高い事業に取り組む企業には経営資源が配分されず、追い貸しにより、生産性の低い企業や、将来高い収益性が見込めない企業に対して、経営資源が配分されたのです。これが、経営資源の配分の歪みです。生産性の低い産業に経営資源が投下され、ＩＴやバイオ、あるいは人工知能などといった、不確実性は高いけれども今後の成長と高い収益性が見込まれるような領域に経営資源が上手く流れなくなり、成長が抑えられてしまいました。[4] 実際に、二〇〇〇年以降に日本から次世代を担うような新しい産業はなかなか出てきていません。

もちろん、銀行ばかりが原因ではありません。企業が資金を調達しようと思えば、銀行からの融資以外にも、株式や債券を発行することもできるはずです。しかし、そのためには、株式市場や債券市場がしっかりと整備されている必要があります。もちろん、戦後の日本ではそれらは整備されてきましたが、スタートアップや中小企業の資金調達についての整備は十分ではありませんでした。そのような企業にとっては、資本コストが高かったわけです。仮に、資本市場の整備がしっかりとされており、新しいチャレンジをしようと考える組織が低コストで資本を調達できていれば、銀行の貸し渋りや追い貸しは企業にとってはさほど問題にならなかったでしょう。しかし、実際にはまだスタートアップや中小企業向けの資本市場の整備は進んでおらず、金融は銀行頼みでした。そのような中で、銀行に対する自己資本比率規制が導入され、経営資源の配分に歪みが生じたのです。不確実性が高いものの、今後成長が見込まれるような領域では、ビジネスを立ち上げるのに必要な資金へのアクセスが制限されてしまったのです。

「外国資本」は危険なのか

高度経済成長は、投資が投資を呼ぶと言われたように、資本投下が重要な要因の一つでした。しかし、二〇〇〇年代に入ると、成長への資本の貢献はかなり少なくなってきています。

それならば、経済成長を取り戻すためには、何とかして資本を増やせば良いという話になるはずです。もし日本の金融機関あるいは投資家が必要な資本を提供しないのであれば、外国からの資本を呼び込めば良さそうです。

しかし、なぜか海外からの資本が投下されることに対して、ネガティブに捉える向きもあります。「日本企業が乗っ取られる」というわけです。外資が入ってくることに対する拒絶反応が見られるのは、日本だけではありません。実際に、一九八〇年代から一九九〇年代にかけて日本企業が北米企業への投資を積極化していったときにも、現地で拒絶反応が起こりました。これらは、会社を所有していることを国家の権威の象徴として捉え、外国からの資本投下を侵略とみなすものであって、あまり経済合理的な反応ではありません。

たしかに、短期的なキャピタル・ゲインを求めて投資をする株主が増えると、企業の行動は近視眼的になるという研究結果は見られます(5)。しかし、そのような投資家は国内外を問わず存在しています。また、海外の投資家の影響力が増えると、日本的な慣習に合わないような経営を強いられるのではないかという危惧があるかもしれません。しかし、投資家も、自分の資金、あるいは自分が預かった資金を投じるわけですから、わざわざ経済的に損をするようなインセンティブはありません。あくまで企業がより多くの利益を生み出すための経営改革を求めるはずです。

海外からの投資が増えることは、良い投資対象として評価されているわけですから、むしろ喜ぶべきことです。日本人よりも高い価値を見出してくれるのであれば、そこからの投資を得る方が合理的でしょう。海外からの投資が集まるような環境を整備することは不可欠です。

しかし、より重要なのは、投資を呼び込めるような新しいチャレンジ自体を増やすことです。資本を増やすためには、将来のイノベーションが期待できることが何より必要なのです。だからこそ、日本にとってはやはりイノベーションの停滞は大きな課題なのです。

今さら「勤勉革命」は起こさない

日本の成長会計を見てみると、労働の投入量の貢献も、地味ながら、確実に低下してきていることが分かります。前述のように、労働に投入される時間が減ってきているのです。実際に、一九四八年から徐々に国民の祝日も増えています。以前はもっと休日は少なかったのです。しかも、今は週休二日が普及していますが、以前は土曜日も勤務日としている企業も少なくありませんでした。現在でもブラック企業問題は深刻ですが、平均的に見ると労働時間は減っています。

では、成長のためには、私たちがもっとたくさん働けば良いのでしょうか。しかし、今の時代、「もっとたくさん働け」と言うのは難しいでしょう。すぐに、「こんなに長時間労働しているぞ」という声が聞こえてきそうです。ワーク・ハードからワーク・スマートに転換しようという時代の流れにも逆行します。

わたしたちは経済成長のために生活しているわけではありません。生活の質こそが大切です。考えるべきは、働いている時間をどうしたらもっと充実したものにできるのか、働く時間をもっと少なくして、同じだけ（あるいはそれ以上）の成果を得るにはどうしたら良いのかです。

今さら「勤勉革命」は起こせません。勤勉革命とは、江戸時代に、農村部でそれまで家畜が行っていた労働を人間が代替し、よりたくさん働くことで、生産性を上げたことを指しています。現在の文脈に置き換えて考えると、機械がやっている仕事を人間が代わりにやるようなもので、当時の人件費が資本財としての家畜を使うよりも安かったからこそ機能した仕組みです。勤勉革命という名前は、経済学者の速水融《あきら》さんが名付けたものですが、イギリスでの産業革命とは異なる生産性の上げ方であったとして注目を集めました。

イギリスでは、人間の労働を機械が代替したのです。オックスフォード大学のロバート・アレンは、産業革命期にイノベーションが次々とイギリスで起こった重要な理由として、他国と比べてイギリスでは、人件費が資本の価格に対して相対的に高かったことを指摘しています(6)。人件費が高く、資本の価格が安かったため、企業家にとっては労働力を節約できるような機械に投資をすることが合理的だったのです。

これとは反対に、インドなどでは、人件費が安く、資本の価格が高い状況でした。そのため、機械化した工場に投資するよりも、たくさん人を集めて労働集約的な人海戦術でイギリスの繊維産業に対抗していたのです。しかし、技術はどんどん進歩します。機械化された工場で生産する方が、たくさんの安価な労働力を集めて生産するよりも低価格で良いものができるようになってしまいました。こうしてインドの繊維産業は、イギリスの機械化された繊維産業の前に敗れてしまったのです。

現在の日本は少子高齢化が進み、多くの産業で人手不足が発生しています。そこで海外からの安価な労働者を増やして、彼らにたくさん働いてもらおうという考えが出てくるのは自然なことでしょう。しかし、気をつけなければならないのは、この考え方はまさに江戸時代の勤勉革命的なパラダイムにあるということです。このような発想では、長期的に見ればむしろイノベーションを阻害してしまいます。インドの繊維産業の二の舞にならないためには、このようなパラダイムから脱却して、むしろ高い人件費や人手不足をイノベーションのチャンスと捉えるような発想の転換が必要でしょう。

犯人はイノベーション不足

ところで、イノベーションの成長への貢献が少なくなっているのは、日本だけなのでしょうか。もしかしたら日本だけではないのかもしれません。そうであれば、日本の経済停滞の犯人として、イノベーションに罪を着せることは冤罪《えんざい》ということになります。

そこで、同じようにトータル・エコノミー・データベースを使って、アメリカの成長を見てみましょう。まず、一二九頁の図5と図6の縦軸を見ると、一九九〇年代初頭までは日本の方が平均的に高い成長を示していることが分かります。また、日本と比べると、アメリカの方がデコボコしていることが分かります。つまり、アメリカの成長の仕方は不規則なのです。

TFPの動きはどうでしょうか。歴史的に見てみると、確かにアメリカでも経済成長に対するイノベーションの貢献は徐々に少なくなってきています。一九六〇年代は経済成長へのTFPの貢献はかなり大きかったのですが、それが二〇〇〇年代には殆どなくなっています。二〇〇〇年代に入ってTFPの水準が低下しているのは、アメリカや日本だけでなく、イギリスやドイツ、フランスなど多くの国で見られている傾向です。しかし、日本では一九七〇年代からイノベーションの貢献が殆どなくなってきているのに比べると、アメリカでは以前ほどではないにせよ成長に貢献していることが分かります。

また、注意しなければならないポイントがあります。これまでの測定方法では、最近のアメリカのＴＦＰを上手く測れていないのではないかという点です。情報通信技術の中には、社会的に大きな貢献をしているものの、それが現在のＧＤＰでは上手く測れていないケースがあります。例えば、グーグルやフェイスブックなど、インターネットでは無料で使うことができるサービスが多くあり、それらは生産性の向上に寄与しているはずです。しかし、無料なので、ＧＤＰの数字に直接的には入ってきません。市場で取引されていないものはＧＤＰには含まれないのです。

そのため、ソフトウェアや研究開発などの無形資産への投資が、資本としてＧＤＰに計上されるように、これまで何度か計算基準を変更してきました。今でも改定が続けられていますが、そもそも生産量を測定することを中心につくられた指標であるＧＤＰでは、情報通信産業の進展によって消費者が享受している価値を上手く表現することが難しいという側面があります。そのような無形資産への投資は日本よりもアメリカの方が進んでいることを考えると、成長会計がアメリカの成長を過小評価している可能性があることに注意しなければならないのです。

いずれにせよ、日本ではアメリカに比して、イノベーションの貢献度が低いということは確かです。戦後の日本は、労働の投入量、資本の投入量、そしてＴＦＰの三つの要因（特に資本とＴＦＰ）がしっかり貢献し、高度経済成長を実現しました。しかし、オイルショック後には、ＴＦ

Pが減少して、成長の足を引っ張るようになっていたのです。一九九〇年代に入ると、それまで頼みの綱だった資本も減少して、日本経済は「失われた二〇年」に入ります。労働の投入量、資本の投入量、そしてTFPのいずれもが減少しているので、三要素すべてが「犯人」だと考えられます。ただ、日本の今後を考えると、先に述べた通り、大幅な労働投入量の増加を期待することは難しいですし、資本の投入量を増やすためには、その対象となるイノベーションを増やす必要があります。つまり、日本が成長を取り戻すためには、やはりイノベーションを再び活性化させるしかありません。ここがキーポイントです。

第七章　日本人はイノベーションに不向きなのか

日本が成長を取り戻すためには、イノベーションを増やすことが必要であるということが分かりました。では、どうすればイノベーションを増やせるのでしょうか。

もしかしたら、「革新的なイノベーションは、横並び意識の強い日本人には不向きじゃないか」と考える人もいるかもしれません。日本人は、新しいものを生み出すよりも、小さな工夫を積み重ねて既存のモノゴトを洗練させていく方が得意だし、「出る杭は打たれる」というように、個人的に抜きんでることよりも、集団的な和を重んじる。だからこそ、累積的なイノベーションは得意でも、ラディカルなイノベーションは苦手だと考える人は少なくないでしょう。しかし、本当に日本人は創造性に欠け、集団的なのでしょうか。

『戦後日本のイノベーション100選』

前章は数字ばかりの話で、ややイメージが湧きにくかったかもしれません。ここでは具体的なイノベーションを見てみましょう。

とは言っても、具体的なイノベーションは多種多様です。新しい製品や工程の開発だけでなく、新しいマーケティングや新しいマネジメントのやり方などさまざまなものが含まれます。あるいは、一つ一つには名前をつけられないような本当に細かい改善の積み重ねもあります。そのため、イノベーションを俯瞰《ふかん》的に見ていくことはなかなか難しいのです。

しかし、やっぱり具体的に見たい。そこで、本書では『戦後日本のイノベーション100選』というリストを使ってみたいと思います。『戦後日本のイノベーション100選』とは、公益社団法人発明協会が、戦後日本の経済発展に大きく寄与したと考えられるイノベーションを、一般並びに有識者へのアンケートの結果を参考にして選定したものです。科学的あるいは技術的な側面だけに注目するのではなく、経済的な価値の創造という点にも目配りがされているところが特長です。

表1は、『戦後日本のイノベーション100選』に選ばれているイノベーションを、それが生み出された年代順に示したものです。「100選」と言っても、正確に一〇〇個選ばれているわけではなく、実際には、一〇五個が選ばれています。また、二一世紀以降に生み出されたものや、現在まだ大きな経済的な価値を生み出していないものは選ばれていません。

このリストを見ると、魚群探知機やりんごの「ふじ」から、新幹線やカラオケ、コンビニエンスストア、ウォシュレットまで、本当に多種多様です。[1] ただし、製造業が圧倒的に多いことがわかります。一〇五個のうち八二個が製造業です。その中でも特に多いのは、情報通信機器、電子

表１：『戦後日本のイノベーション100選』　　出所：発明協会

No.	名　称	年
1	魚群探知機	1948年
2	溶接工法ブロック建造方式	1949年
3	ビニロン	1950年
4	内視鏡	1950年
5	フェライト	1951年
6	ファスナー	1952年
7	銑鋼一貫臨海製鉄所	1953年
8	自動式電気炊飯器	1955年
9	トランジスタラジオ	1955年
10	コシヒカリ	1956年
11	回転寿司	1958年
12	公文式教育法	1958年
13	小型(軽)自動車	1958年
14	スーパーカブ	1958年
15	インスタントラーメン	1958年
16	NC工作機械	1959年
17	ヤマハ音楽教室	1959年
18	接ぎ木(野菜)	1960年
19	座席予約システム	1960年
20	りんご「ふじ」	1962年
21	マンガ・アニメ	1963年
22	人工皮革	1964年
23	電子式卓上計算機	1964年
24	新幹線	1964年
25	電子レンジ	1965年
26	自脱型コンバインと田植機	1965年
27	積層セラミックコンデンサ	1966年
28	カラオケ	1967年
29	自動改札システム	1967年
30	柔構造建築	1968年
31	郵便物自動処理装置	1968年
32	ヤクルト	1968年
33	レトルト食品	1969年

34	LNGの導入	1969年
35	クオーツ式腕時計	1969年
36	ブラウン管テレビ	1960年代
37	脱硫・脱硝・集じん装置	1960-1970年代
38	省エネ化	1970-1980年代
39	トヨタ生産方式	1970年
40	電界放出形電子顕微鏡	1972年
41	産業用ロボット	1973年
42	CVCCエンジン	1973年
43	コンビニエンスストア	1974年
44	オンラインセキュリティシステム	1975年
45	電力用酸化亜鉛形ギャップレス避雷器	1975年
46	炭素繊維・炭素繊維複合材	1975年
47	移動電話(自動車電話・音声符号化等)	1975年
48	高張力鋼	1975年
49	家庭用ビデオ(カセット)	1976年
50	宅急便	1976年
51	三元触媒システム	1977年
52	イメージセンサー(CCD・CMOS)	1978年
53	日本語ワードプロセッサ	1978年
54	全自動横編機	1978年
55	フォトレジスト	1979年
56	ウォークマン	1979年
57	レーザープリンター	1979年
58	G3ファクシミリ	1980年
59	半導体露光装置(ステッパー)	1980年
60	ウォシュレット	1980年
61	オーロラビジョン	1980年
62	イベルメクチン	1981年
63	インバーターエアコン	1981年
64	カーナビゲーションシステム	1981年
65	ATM	1982年
66	CD・CD-R	1982年
67	X線フィルムのデジタル化	1983年
68	家庭用ゲーム機・ゲームソフト	1983年
69	ネオジム磁石	1983年

70	3.5インチフロッピーディスク	1984年
71	直接衛星放送サービス	1984年
72	家庭用カムコーダ	1984年
73	UMAMI	1985年
74	ラップトップ・ノートパソコン	1985年
75	プレハブ住宅	1986年
76	酵素入りコンパクト洗剤(アタック)	1987年
77	光通信用半導体レーザ(DSMレーザ)・光ファイバー製造法(VAD法)	1987年
78	ポリエステル合成繊維(シルク調等)	1988-1992年
79	フラッシュメモリ	1988年
80	薄型テレビ	1988年
81	スタチン	1989年
82	ハイビジョン放送	1989年
83	IHクッキングヒーター	1990年
84	中空糸	1990年
85	液晶ディスプレイ	1990年代
86	リチウムイオン電池	1991年
87	タクロリムス	1993年
88	スーパーコンピュータ	1993年
89	発光ダイオード	1993年
90	道の駅	1993年
91	光触媒	1994年
92	QRコード	1994年
93	デジタルカメラ	1995年
94	DVD	1996年
95	(第2世代の)シールド工法	1997年
96	非接触ICカード技術	1997年
97	拡印刷(PETボトル用無菌充填システム)	1997年
98	ハイブリッド車	1997年
99	ドネペジル塩酸塩	1997年
100	高効率石炭火力発電	1997年
101	長大橋建設技術	1998年
102	太陽電池セル	1999年
103	多機能携帯電話(i-mode、カメラ付きなど)	1999年
104	携帯電話等デジタル情報暗号化技術	2000年
105	リサイクル・リユース	2000年

部品・デバイス・電子回路、そして電気機器です。つまり、大きく括《くく》ればエレクトロニクス産業ということです。ここから、多くのイノベーションが生まれていたのです。

世界に見る日本のイノベーション

実は、エレクトロニクスが多いのは、日本だけではありません。そもそも、この時代は、世界的にエレクトロニクスの領域でのイノベーションが多かったのです。日本だけを見ていても、それが日本の特徴なのか、世界的な流れなのか区別がつきません。日本のイノベーションのパターンの特徴を知るために、少し世界と比べてみましょう。

そこで、『人類の歴史を変えた発明1001』、『世界の発明発見歴史百科』、そして『1000の発明・発見図鑑』という三つの書籍のリストを見ていきたいと思います（三冊のタイトルをいちいち列挙するのは大変なので、以下「世界のリスト」と呼びます）。これらのリストには、『戦後日本のイノベーション100選』のように、革新的な技術や科学的な発見がリストアップされています。翻訳された日本語のタイトルには訳出されていませんが、『世界の発明発見歴史百科』の原著の副題は「世界を変えた技術的な飛躍、画期的な発見、そして科学的なブレークスルー」です。「人類の歴史を変えた」あるいは「世界を変えた」わけですから、そのマグニチュードは相当大きなものですし、そこから生み出されている経済的な価値も大きなものだと考えて良いでしょう。「世界のリスト」を見ることで、世界から見た日本の姿も見ることができます。世界が考える「日本が生み出したイノベーション」とは、どのようなものかが分かるはずです。

もちろん、これらを見ていくときには注意が必要です。世界のイノベーションといっても、これらが出版されているのはアメリカとイギリスです。そのため、それらの国で生まれたイノベーションを多くリストアップする傾向はあるでしょう。また、それぞれでリストアップの基準も違います。そのため、同じ発明であっても、そのどこに注目してリストアップするかが若干違います。なかなか客観的なリストアップはできないのです。それでも、三冊で重複してリストアップされているものは、多くの人が認めるイノベーションと言えるでしょう。

さて、前置きがやや長くなりましたが、「世界のリスト」を見てみましょう。明らかに重複しているものを一個としてカウントすると、戦後に生み出されたイノベーションは四〇四個あります。その中で、およそ九八個が情報処理・通信、電子部品、コンピューター、ソフトウェアといったエレクトロニクスの領域のものです。日本ほどではないものの、やはりエレクトロニクスの領域で多くのイノベーションが生まれているのは、世界的な傾向と言えます。

一四九頁の図7は、世界と日本のイノベーションの領域別の相対的なポジションを表しています。縦軸は日本のイノベーションの中でのそれぞれの領域のシェアを示しており、横軸は世界のイノベーションの中での領域ごとのシェアを示しています。もしも、日本でのシェアと世界でのシェアが同じであれば、真ん中に引かれた四五度の破線上に位置することになります。この線よりも上側にプロットされている領域は、世界でのシェアよりも日本でのシェアが大きいことを意味しています。つまり、相対的に日本が多くのイノベーションを生み出した領域ということになります。日本の得意分野とも言えるでしょう。反対に下側にプロットされたものは、世界でイノベーションが生み出されていたほどには、日本ではイノベーションが生み出されていなかった領域ということになります。

日本の得意分野は、自動車やテレビ・放送機器、エネルギーや繊維、電子部品などです。食品・食品加工からも相対的に多くのイノベーションが生み出されていました。エネルギーは、省エネ関連のものが日本では多くなっています。

世界のイノベーションと比べて、日本で顕著に少ないのは医薬品や医療機器、そしてそれらを支える医療における基礎科学部門です。この分野では、ポリオワクチンや解熱鎮痛剤のアセトアミノフェン、再生医療、抗生物質のテトラサイクリン、経口避妊薬、遺伝子治療、幹細胞治療、ポリメラーゼ連鎖反応、人工股関節、人工心肺装置、B型肝炎ワクチン、βブロッカー、医療用超音波検査、インターフェロン遺伝子のクローニング、経皮パッチ剤など多くの重要なイノベーションがありますが、それらは外国で生み出されたものです。もちろん、日本もこの領域でのイノベーションがまったくないわけではありません。血中のコレステロール値を下げるスタチン、臓器移植の際の拒絶反応抑制などに用いられる免疫抑制剤のタクロリムスや、アルツハイマー型認知症やレビー小体型認知症の抑制剤のドネペジル塩酸塩、そしてガンの治療などで活躍している内視鏡などは日本発のイノベーションです。しかし、世界と比べると、その割合は多くはありません。また、ソフトウェアや映像・音声、宇宙・航空関連などの領域も、日本で生み出されたイノベーションは相対的に少ないことが分かります。

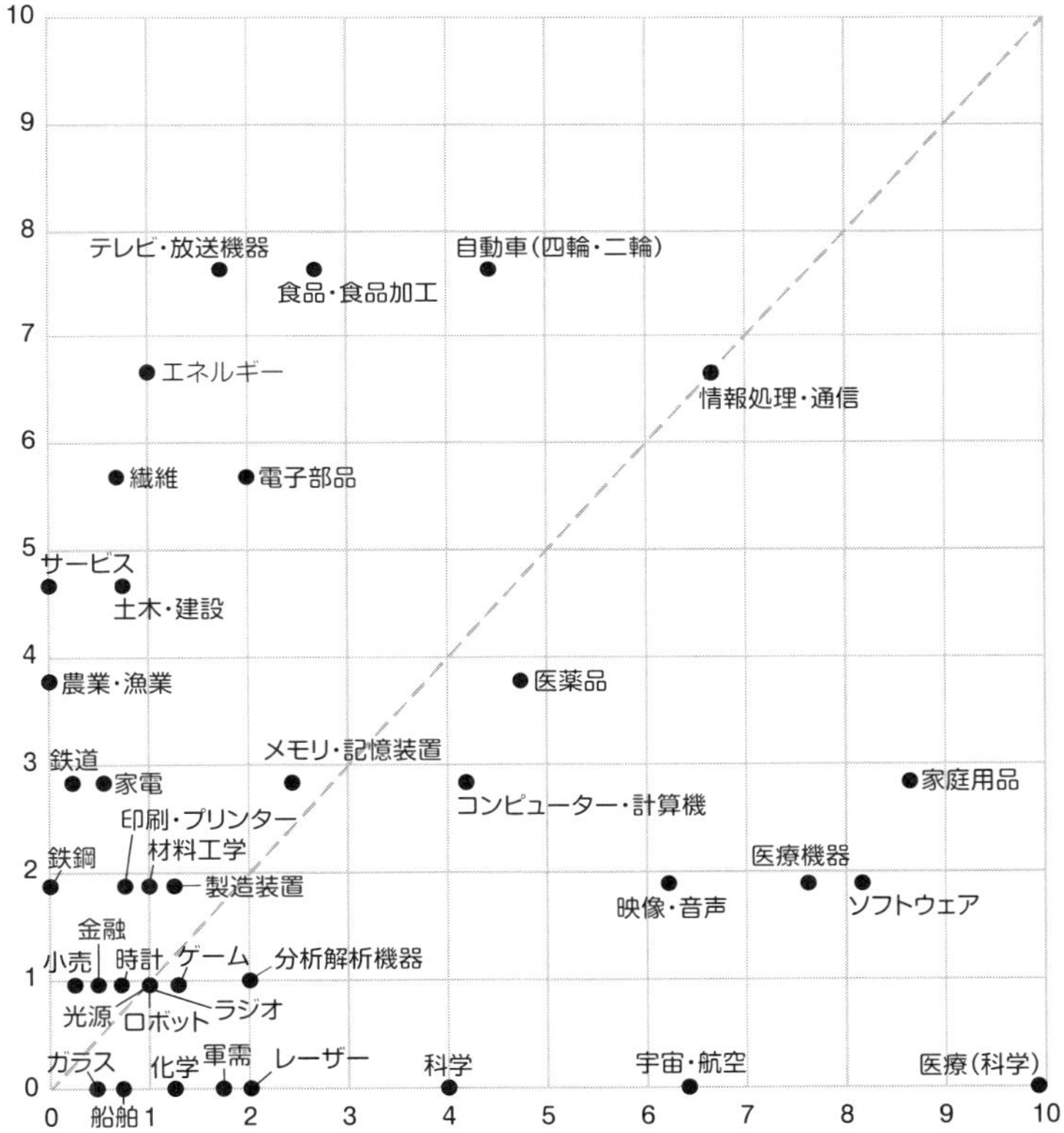

図７：世界と日本のイノベーション

なぜ世界では存在感が薄いのか

「世界のリスト」（表2）を見ていくと、思いのほか日本の存在感が薄いのが気になります。リストアップされた四〇四個の中で、アメリカから生み出されたイノベーションが二七九個と圧倒的であり、次点のイギリスが五三個、日本は二四個で第三位です。先に述べたように米英で編集されたリストですし、ドイツは一二個、フランスは七個ですから、日本がそれほど少ないとも言えませんが、決して多いとは言えないでしょう(2)。

ところで、「世界のリスト」の三冊全てに登場するイノベーションが一〇個あります。それだけインパクトが大きいイノベーションと考えられ、世界のベスト一〇と言ってもよいでしょう。それらを年代順に見ると、電子レンジ、トランジスタ、ポリオワクチン、フロートガラス、集積回路、レーザー、全地球測位システム（GPS）、DNAの配列決定／DNAマイクロアレイ／DNA配列の解読、ポリメラーゼ連鎖反応、ワールド・ワイド・ウェブです。確かにどれも社会全体の生産性を上げるものや、われわれの暮らしを大きく変えたものです。ここには、残念ながら日本で生み出されたものはありません。

少しハードルを下げて、三冊のうち二冊にリストアップされているイノベーションを数えてみると、世界全体で五一個ありました。いわば世界のトップ五〇です（一個多いですが）。そのうち日本から生まれたものは、わずか三つです。内訳は、トランジスタラジオ（このオリジナルはアメリカで、それを洗練させていったのが日本です）、ウォークマン、ミニディスクです。すべてソニーが生み出したものです。ソニーの製品が世界的に高く評価されてきたことが分かります。

表2:「世界のリスト」

● 3冊全てに掲載されているもの

年	内　容	国
1945/1965年	電子レンジ	アメリカ/日本
1947年	トランジスタ	アメリカ
1952年	ポリオワクチン	アメリカ
1953/1959年	フロートガラス	イギリス
1958/1959年	集積回路	アメリカ/イギリス
1960年	レーザー	アメリカ
1978/1993年	全地球測位システム(GPS)	アメリカ
1979/1989/1995年	DNAの配列決定/ DNAマイクロアレイ/DNA配列の解読	イギリス/アメリカ
1983/1985年	ポリメラーゼ連鎖反応	アメリカ
1989/1990年	ワールド・ワイド・ウェブ	アメリカ/スイス

● 3冊のうち2冊に掲載されているもの

年	内　容	国
1945年	コンピュータ・アーキテクチャ	アメリカ/ハンガリー
1946年	タッパーウェア	アメリカ
1947年	放射性炭素年代測定法	アメリカ
1948年	ホログラフィー	イギリス
1949/1955年	原子時計	イギリス
1950年	クレジットカード	アメリカ
1952年	エアバッグ	アメリカ
1952/1954年	光ファイバー	アメリカ/インド/イギリス
1953年	人工心肺装置	アメリカ
1953/1955年	ホバークラフト	イギリス
1954年	ポリプロピレン	イタリア
1954/1960年	国際単位系	ー
1955年	トランジスタラジオ	日本/アメリカ
1956年	ビデオレコーダー	アメリカ
1956/1960年	経口避妊薬	メキシコ/アメリカ
1957年	人工衛星	ロシア
1957/1960年	バブルラップ	アメリカ
1958年	レゴ	デンマーク
1960/1961年	産業用ロボット	アメリカ
1962年	人工股関節	イギリス

1963/1982年	人工心臓	アメリカ
1963/1998年	幹細胞の発見／幹細胞治療	カナダ／アメリカ
1965/1968年	ハイパーテキスト	アメリカ
1965/1968年	コンピューターマウス	アメリカ
1965/1971年	ケブラー	アメリカ
1966/1965年	ドルビー雑音低減システム	アメリカ
1970/1971/1984年	フロッピーディスク	アメリカ
1971年	マイクロプロセッサー	アメリカ
1971年	フードプロセッサー	フランス
1971/1973年	宇宙ステーション	ロシア／アメリカ
1971/1977年	磁気共鳴画像	アメリカ
1971/1972年	コンピュータ断層撮影法 (CT/CATスキャン)／CATスキャナー	イギリス／アメリカ
1972/1977年	公開鍵暗号(PKC)	イギリス／アメリカ
1973年	ペットボトル	アメリカ
1973/1977年	パーソナル・コンピューター	アメリカ
1976年	スーパーコンピューター	アメリカ
1976/1984年	アップルコンピュータ／ マッキントッシュ	アメリカ
1978年	ワード・プロセッサー	アメリカ
1978/1990年	遺伝子治療	アメリカ
1979年	ウォークマン	日本
1981年	走査型トンネル顕微鏡	スイス
1981年	スペースシャトル	アメリカ
1981/1985年	マイクロソフトの オペレーションシステム	アメリカ
1983年	ステルス技術	アメリカ
1983年	インターネットプロコトル(TCP/IP)	アメリカ
1984/1985/1989年	DNA鑑定／ DNA指紋法	イギリス／アメリカ
1986年	高温超伝導体	ドイツ／スイス／アメリカ
1989/1998年	MP3(音声データの圧縮方式)	ドイツ
1991年	デジタル移動電話	ヨーロッパ
1992年	ミニディスク	日本
1996/1997年	哺乳動物のクローン化／ クローン羊のドリー	イギリス

*複数の年があるのは、それぞれのリストで生み出された年に対する解釈が若干異なるからである

それにしても、なぜ日本からのイノベーションは少ないのでしょうか。お気づきになった方もいるかと思いますが、じつは『戦後日本のイノベーション100選』の中には、世界のリストにリストアップされたものが複数入っています。例えば、電子レンジや産業用ロボット、家庭用ビデオ、フロッピーディスクなどは『戦後日本のイノベーション100選』でリストアップされていますが、「世界のリスト」では日本発のイノベーションとは認められていません。実際、これらはすべて、オリジナルは海外で生まれ、それを日本企業が洗練させていったものです。つまり、海外生まれ、日本育ちのイノベーションなのです。

ラディカルなものと累積的なもの

「世界のリスト」で日本の存在感が薄い理由が分かってきました。イノベーションの捉え方が違うのです。「世界のリスト」は、イノベーションのオリジナルがどこで生み出されたのかを重視しています。これに対して、『戦後日本のイノベーション100選』は、オリジナルかどうかよりも、それを実用的なものに改良し、実際に経済的利益を生み出せるようにしたことを重視しているのです。

例えば電子レンジは、もともとはアメリカの国防関連企業であるレイセオン社のエンジニアのパーシー・スペンサーが生み出したものです。戦闘機用レーダーの実用モデルの開発と生産に携わっていたスペンサーは、高周波数の電磁波を利用することで食品を新しいやり方で調理できることに気づきました。そして、電子レンジを開発し、一九四七年から発売を開始したのです。この電子レンジは、レストランや鉄道、あるいは船の上での食事の提供に使われるようになり大ヒットしました。

しかし、最初の電子レンジは、重さが三四〇キロもあり、価格も高く、家庭では到底使えるものではありませんでした。マグネトロンの小型化と量産化がなかなかできなかったのです。それを解決したのが、日本企業です。東芝やシャープ、松下電器、日立製作所、日本電気などが、小型化と量産化に成功し、電子レンジが家庭に普及することになりました。電子レンジの発明や事業化はアメリカで進み、日本企業はその小型化や量産化といった累積的な改良を行ったのです。

「世界のリスト」にも入っている現金自動預け払い機（ＡＴＭ）も同じパターンです。セキュリティ印刷や紙幣の識別を行っていたイギリスのデ・ラ・ルー・インスツルメンツ社のジョン・シェパード＝バロンは、一九六七年に最初のＡＴＭを設置しました。銀行での引き出しや預け入れに時間がかかっていたのを短縮しようと考えたのです。彼のアイディアを基につくったＡＴＭは、バークレイズ銀行に最初に置かれましたが、このＡＴＭを洗練させて普及させていったのが沖電気を初めとした日本企業でした。

クオーツ式腕時計も、『戦後日本のイノベーション１００選』ではセイコーのイノベーションとしてリストアップされていますが、オリジナルは日本ではありません。「世界のリスト」ではクオーツ式はスイスのイノベーションとしてリストアップされています。一九二七年にベル研究所のウォーレン・マリソンが最初のクオーツ式時計を作り、一九六七年にスイスの電子計算センターがより安価で丈夫なクオーツ式時計をベータ21として開発していたのです。セイコーはこのクオーツ式時計に早い段階で目をつけて、技術を洗練させ、事業化を進めたわけです。

このように、ラディカルなイノベーションのオリジナルは欧米が多く、その後、日本企業が累積的な改良を重ねていったケースが多いのです。銑鋼一貫臨海製鉄所やトヨタ生産方式、あるいは半導体レーザや光ファイバー製造法などは、どれもその起源は海外にあるものの、日本が累積的なイノベーションを積み重ねていった代表的なものです。

戦後の日本から生み出されたイノベーションに累積的なものが多いのは、日本の経済成長がそもそもキャッチアップ型だったからという要因が大きいでしょう。先進国で生み出された優れた技術を積極的に導入し、学び、それを国産技術として磨いていったのです。しかし、それにしても、日本にはラディカルで破壊的なイノベーションが少なすぎるのではないかという疑問が浮かびます。

日本人は創造性がないのか

日本のイノベーションに破壊的なものが少ないのはなぜでしょうか。

この章の冒頭で書いたように、「日本人は創造性がないからだ」とか「日本人は集団主義的だからだ」と考える人もいるでしょう。調和を重視する集団主義的な文化があるのでどうしても創造性が落ちるとか、日本の画一的な教育が創造性をなくしているといった指摘もいろいろなところで繰り返されてきました。

例えば、日本人が創造性に乏しいという結果に近い調査データとしては、世界価値観調査

(World Values Survey) があります。これは一九八一年にヨーロッパから始まった社会学者によるプロジェクトで、世界の国々の価値観をアンケートによって調べています。具体的には、民主主義やジェンダー、仕事、幸福、宗教などに対する人々の態度を調査しています。なかなか測定しにくいものについて、世界的な規模で体系的に行われている貴重な調査です。

この調査では、たしかに日本人が創造性についてそれほど高い価値を見出していないという結果が出ています。「新しいアイディアを思いつくこと、創造的であること、自分のやり方でモノゴトを行っていくことが大切である」という考えに、自分が「とても当てはまる」「当てはまる」と答えた日本人は、わずかに一七・八%です。これは調査対象の六〇カ国の中で、最も低い数字です。日本人は国際的に比較すると創造性をそれほど高く評価していないことが分かります。

しかし、ここで二つ注意が必要です。第一点は、この調査が測っているのはあくまでも創造性に対する人々の態度であり、創造性が実際にあるかどうかを測っているわけではないということです。創造性に対して高い価値を置いていると答えている国は、ナイジェリアやキプロス、ガーナとなっています。創造性に対して高い価値を置くことと、実際に創造性が高いこととは、必ずしも一致しているとは限りません。

第二点は、日本人のアンケートへの答え方の特徴についてです。この調査では、創造性だけでなく、ほとんど全ての項目において、「とても当てはまる」や「当てはまる」と答えた日本人の割合が、国際的に見て極めて低い水準だったのです。(3) これは統計データ分析家の本川裕《ほんかわゆたか》さんが明確に指摘している点です。(4) 日本人が得意そうな項目、例えば「危険なことは避け、安全な環境に住むことが大切である」「社会の利益のために何かすることが大切である」「誰かに間違っていると言われるであろうことを避け、常に礼儀正しく行動することが大切である」などでも、「とても当てはまる」あるいは「当てはまる」と答えた人の割合は、他の国々と比べると極端に少ないのです。その反対に、ナイジェリアやガーナなどは、多くの項目で「とても当てはまる」や「当てはまる」と答える人の割合がかなり高くなっています。つまり、創造性についての結果も、日本人は他の国と比べると「とても当てはまる」や「当てはまる」と答える人が少ないということを示しているだけなのかもしれません。

ソフトウェア会社のアドビ システムズがこれまで行ってきた創造性についての調査も、これらを裏付ける結果になっています。(5) 同社はアメリカ、イギリス、ドイツ、フランス、そして日本で、各国一〇〇〇人の成人に綿密な聞き取り調査を行っています。「自分は創造的である」と答えた日本人は二〇一二年の調査では一九%、二〇一六年の調査では一三%であり、これらは五カ国中一番低いものでした。全体の平均では、四〇%程度の人が「自分は創造的である」と回答していますから、日本人の自己評価がかなり低いことが分かります。

しかし、「どこの国が最も創造的か」という質問には、二〇一二年の調査では五カ国全体の三六%の人が、二〇一六年の調査でも三四%の人が、日本と答えています。これは、この五カ国の中で最も高い値です。つまり、日本は「自分は創造的である」と答えている人が最も少ない一方で、世界からは「最も創造的である」と評価されているのです。もちろん、この調査も創造性それ自体を測定しているわけではなく、あくまでも評価です。しかし、日本人は創造性が低いと自分たちで考えがちであることが窺《うかが》えます。自己評価が低いのです。

実は、これまでの創造性に関する各種の国際比較の調査では、日本人が他国の人と比べて創造性に乏しいということを示す実証的データは出ていません。そもそも、イノベーションのタイプと創造性の間の関係もまだよく分かっていません。一般には「累積的なイノベーションはそれほどの創造性を必要とせず、ラディカルなイノベーションにはより高い水準の創造性が必要となる」と思われがちですが、しかし、このような関係も、アカデミズムの世界では、高い頑健性のある実証的な結果としてはまだ確認されていないのです。

日本人は集団主義的なのか

沈没しそうな船から乗客を海に飛び込ませるためにはどうすれば良いでしょう。有名なエスニック・ジョークです。アメリカ人を飛び込ませるには、「今なら英雄になれますよ」と伝えるのが良く、ドイツ人には、「飛び込むのがルールになっています」と言うのが効果的、日本人を飛び込ませるには、「みんな飛び込んでいますよ」と言えば良いというお決まりのジョークです。どこの国をオチにするかはそれぞれですが、個人的に好きなのは、ロシア人の「全てのウォッカが流されてしまいました。でも、まだあそこにボトルが浮いていますよ」です。

このエスニック・ジョークにあるように、日本人は集団主義的だと考えられることは少なくありません。創造性が国際的に見て低い水準でなかったとしても、集団主義的だからこそ、累積的なイノベーションが多く生み出されるのではないかと考える人もいるでしょう。しかし、これは本当なのでしょうか。

実は、日本人が集団主義的であるという一般的な通説を支持するような結果は、これまでの心理学や経済学などの実証研究では確認されていません。事実と確認されていないことが「通説」になっているわけです。この点を指摘しているのは、心理学者の高野陽太郎さんです[6]。

高野さんらは、日本とアメリカにおける集団主義や個人主義の程度について、これまで社会心理学で蓄積されてきた研究の中でも、特に実証性の高い一一の研究を詳細に検証しました。それらを見てみると、日本人の方が集団主義的であり、アメリカ人の方が個人主義的であるという結果は一つもなかったのです。そのうち七件では、集団主義の強さや個人主義の強さでアメリカ人と日本人の間に明確な差は見られないという結果でした[7]。さらに、三件の研究結果は、アメリカ人の方が日本人よりも集団主義的であるというものだったのです。残りの一件の研究は、アメリカ人よりも日本人の方が集団的であるという結果を示していたものの、その研究には致命的な誤りがありました。

二つのバイアス

事実としての裏付けがないにもかかわらず、日本人は集団的であるという通説が信じられてきたのはなぜなのでしょうか。高野さんは、この通説が流布するようになったきっかけは、一九四六年に『菊と刀』が出版されたことであったと指摘しています。『菊と刀』の著者は、アメリカの文化人類学者のルース・ベネディクトです。彼女は戦時中の日本の文化を分析し、日本の文化を「恥の文化」として、西洋の「罪の文化」と対極的なものとして描きました。そして、日本人を集団主義的であると捉えたのです。

ベネディクトが分析した第二次世界大戦時の日本は、まさに軍国主義であり、確かに集団主義的な行動が見られたとしても不思議ではありません。個人よりも集団の利益を優先させた特攻などはその最たるものです。しかし、人の集団は、外部からの強い脅威に直面すると内部で団結してそれに立ち向かおうとする傾向があります。つまり、敵対する集団の存在は、その集団の帰属意識を高めるのです。これは、社会学者のゲオルク・ジンメルやルイス・コーザーなどが指摘してきたものです。

日本でなくても、どの国も戦争になれば集団主義的な行動や同調圧力が高まる傾向にあるわけです。実際、アメリカでも、戦時中には、非米活動委員会などが組織され、共産主義に傾倒しているとみなされた人が追放されました。二〇〇一年にアメリカで同時多発テロが起こった時にも、電話の盗聴や電子機器による通信の傍受などを可能にする米国愛国者法がすぐに成立しています。このように、アメリカでも外敵の脅威が高まると、集団は団結しようとすることが分かります。ましてや、大国を相手にして圧倒的に劣勢であった日本で、集団主義的な行動をとる傾向が強まることは十分に考えられます。

ベネディクトの分析は措《お》くとして、なぜ戦争の脅威がなくなった後も、日本人は集団主義的であるという考え方が広まった（あるいは変わらなかった）のでしょう。そこには、社会心理学的な二つのバイアスが機能していたと考えられます。

一つ目は、対応バイアスです。これは、他人の行動の原因を考える時に、その人がおかれた環境ではなく、その人の内的な特性に原因を求めがちになるということです。つまり、集団主義的な行動をなぜとるのかと考える時に、その人がおかれた状況よりも、その人のもともとの性格が「集団主義的だった」と考えてしまうのです。この対応バイアスによって、『菊と刀』が主張したような日本人の集団主義的な行動が、日本人の性格と結び付けられるようになったと高野は指摘しています。

二つ目は、確証バイアスです。これは、自分がいったんそうだと思い込むと、それと適合的な情報ばかりを集めてしまったり、ある観点からしか物事を見なくなってしまったりする傾向です。例えば、血液型占いはその典型です。A型の人は几帳面で、B型の人は自由奔放と考えると、本当は血液型に関係なく、誰でも几帳面だったり、自由奔放だったりする側面があるにもかかわらず、A型の几帳面な側面やB型の自由奔放な側面ばかりが目についてしまいます。「あばたもえくぼ」という諺《ことわざ》も、好きな人ならなんでも良く見えてしまうというある種の確証バイアスでしょう。高野さんは、「日本人は集団主義的である」という説が流布した後、確証バイアスが継続的に作用し、日本人の集団主義的な行動ばかりが目につくようになり、集団主義的ではない側面はあまり見えないようになってしまったのだと分析しています。

集団主義的な働き方

しかし、「そうは言っても日本人は実際に集団主義的に動いているぞ」と思う人も多いでしょう。特に日本の大企業で働いている人には、このような実感を持つ人が多いはずです。

実はこの実感は、経営学でも裏付けられています。スタンフォード大学の教授であった青木昌彦さんは、日本の企業では集団主義的な意思決定や能力形成が実際になされていることを示しました。そして、その原因は、日本人の特質ではなく、日本企業で働く人が直面する制度であると明らかにしました[8]。つまり、日本人自身が性来的に集団主義的な特質を持っているわけではなく、日本企業で働いている人はその制度に促されて集団主義的に振る舞っているということです。

その理由を考えるため、ここで少し日本企業における人々の働き方について見てみましょう。まず、日本の企業で働く人の多くは、職場で必要となる能力を職場での経験を通じて習得し、磨きをかけてきました。入社したら、生産や営業、経理、あるいは人事や法務、購買、経営企画など、さまざまな職能を経験していったのです。

日本では職務は、良く言えば柔軟に、悪く言えば曖昧に決まっています。職務の配置転換も頻繁で、人々は多様な職務に就きます。だからこそ、新卒採用の際には、学校で専門的に学んできたことよりも、職場での経験から学習する能力がありそうかどうかが問われてきたのです。理系の専門職であったとしても、研究所から事業部に配置転換されることも珍しくありませんでした。上司と部下の間には階層の上下による責任の違いはありますが、それも比較的曖昧に定義されており、必ずしも職務やその責任が明確になっているわけではありません。

このような環境では、社内での知識の共有が進みます。知識が共有されているのですから、職場に問題が起こった時には、みんなで対処する（ことができる）ようになります。例えば、ある職務を行う人が急に休んだり辞めてしまったりした場合でも、まわりの人がサポートに入れるわけです。生産性を上げようと思えば、みんなで課題を洗い出し、全体最適を考えられます。ある職務が必要なくなったとしても、その人をクビにするのではなく、他の部署へと配置転換していきます。そのため、誰もが安心して、社内で必要な能力を身につけていったのです。

戦間期に生まれた年功序列

このような仕組みは、昔からあったわけではありません。明治期の日本では、より良い就業機会を求めて次々と職場を変えるジョブ・ホッピングも多く、雇用慣行は長期的なものではありませんでした。集団（企業）の利益よりも個人の利益を優先するように、多くの人は行動していたのです。

長期雇用の慣行が始まったのは、第一次世界大戦と第二次世界大戦との戦間期です[9]。当時、熟練した人材が足りなくなって、企業は新卒の学生を雇用し、彼らにトレーニングを施して、優秀な労働力に育てようとしたのです。しかし、せっかく彼らにトレーニングを提供したとしても、一人前になった途端に転職されては、その投資が無駄になってしまいます。

そこで、年功序列と終身雇用をセットにすることを考えついたのです。年功序列の場合、就業年数が上がるにつれて、給与も基本的にはだんだん上がっていきます。だんだん給与が上がるのは、生活の安定に繋がります。人生設計も立てやすい。長期的な雇用関係が期待できると、多くの人は、今働いている職場で今後も働こうと思うようになります。もし転職してしまえば、社内の昇進（就業年数）の梯子を、もう一度最初から登り直さなければなりません。だからこそ、よほどのことがない限り途中でやめることはないのです。このような制度が大企業を中心に日本に広く定着したのは、第二次世界大戦後です。

このことが示唆しているのは、戦後の日本企業で働いている人は確かに集団的な行動をしているのですが、それは日本人の特質や文化が原因ではなく、雇用制度が原因になっているということです。

集団主義はマイナスなのか

日本企業に見られる集団主義的な行動は、イノベーションにどのような影響を与えるでしょうか。

日本企業では、何かしらの課題が生じても、基本的には社内の経営資源を柔軟に使って対処します。社内で知識の共有もされていますし、なにより自分が働いている企業の業績によって、自分が獲得できる生涯賃金が変わるわけですから、みんなで協力して課題を解決するのです。

ある職務が社内で必要なくなったとしても、その職務に就いていた人をクビにはしません。もしクビにしたとしたら、それを見た社内の人間は、わざわざ会社に合わせた能力形成をしようとはしなくなってしまうでしょう。だからこそ、全員で対応しようとするわけです。いわば、「誰一人とりのこさない（None Left Behind）」の精神がよく根付いたのです。

これらの日本人の集団的な働き方は、必ずしも悪いものではありません。むしろ累積的なイノベーションにはプラスでしょう。しかし一方で、ラディカルで破壊的な側面の強いイノベーションを社内に導入することに対する抵抗はどうしても強くなってしまいます。

例えば、鉄道会社が電車の切符を切る職務を保護するために、自動改札を導入しなかったらどうでしょう。銀行がATMや人工知能などを一切導入せずに、全て窓口で人が対応したとしたらどうでしょうか。社長が「人員カットはしない。全員で乗り越える！」と言えば、社内での人気は出るかもしれません。しかし、その会社に破壊的なイノベーションが取り入れられることはないでしょう（あるいは大幅に遅れます）。先の例で言えば、機械に任せるほうが生産的な仕事を人にやらせるのですから、当然、その企業の生産性は落ち、競争力は失われます。国レベルで考えても同じです。イノベーションによって破壊される職務を行っている人に対する保護を厚くすればするほど、生産性の上昇は遅れます。

ベスト・プラクティス導入への抵抗

イノベーションは、第一章でも説明したように、どうしても破壊的な側面を含みます。しかし、海外で高い生産性を示しているベスト・プラクティスが出てくれば、たとえそれが破壊を伴うものであっても、導入できるものであれば、生産性を上げるために導入する必要があります。生産性の高いところから学ぶことはとても大切です。

もし江戸時代の鎖国体制下のように、市場での競争が日本国内だけで行われていれば、「独自のやり方」に固執しても上手くいくのかもしれません。しかし、グローバル化が進展していくとそうはいきません。海外の市場だけでなく、日本市場でも、日本企業は海外の企業と競争することになります。ライバルが採用しているベスト・プラクティスで取り入れられるものは取り入れていかなければ、徐々に置いていかれてしまいます。

ベスト・プラクティス導入への抵抗は、社会全体の生産性を下げてしまいます。この点は、イリノイ大学のステファン・パレンテと、ノーベル経済学賞を受賞しているミネソタ大学のエドワード・プレスコットの二人が明確に指摘しています。[10] 彼らは、ベスト・プラクティスと同じ程度の高い生産性の水準に追いつくことは簡単だと言います。なぜなら、最も生産性の高いところのやり方を導入すれば良いからです。例えば、アメリカの生産性が高ければ、そこで使われている技術やサービスを導入すれば良いわけです。もちろん、全てを導入することはできません。導入にはコストもかかるでしょうし、社会制度が異なるため、単純にベスト・プラクティスを導入すれば上手く機能するとは限りません。しかし、真似できるところは、真似すれば良いわけです。

実際に、日本は幕末から明治にかけて、アメリカやヨーロッパから先進的な知識や技術を導入するために、海外から専門家を招聘しました。「お雇い外国人」です。彼らから、海外のベスト・プラクティスを学び、それを国産技術として磨いていったのです。

しかし、多くの国や企業はそれができないのです。パレンテとプレスコットらは、ベスト・プラクティスと同じような水準にまで生産性を上げられないとすれば、それはベスト・プラクティスを取り入れることに対する内部の抵抗があるからだと主張しています。ベスト・プラクティスを導入すれば、当然、ある職能が不要になったり、その重要性が小さくなったりします。そのような場合、ベスト・プラクティスの導入に反対する人が出てきます。イノベーションに対する抵抗勢力です。

抵抗は、さまざまなかたちをとります。例えば、政府の規制による保護を訴えるものもあるでしょうし、ラッダイト運動のように暴力的なものもあるかもしれません。ストライキもあるでしょう。あるいは、サボタージュのような組織の中での静かな抵抗もあります。

もちろん、それまでに社員がやってきた職務がなくなったとしても、経営者がより高い収益性が見込まれるビジネス機会にきちんと投資していて、そのビジネス機会を追求するのに必要な能力を各人が持っていたとすれば、社内での異動などができますから、それほど反対は大きくならないでしょう。

しかし、そういう場合ばかりではありません。経営者が次のビジネス機会を見定められないようなこともあるでしょうし、社内の人員の適応能力に課題があることもあります。そのような場合に、既得権益者は、ベスト・プラクティスの導入に強く反対するでしょう。自分たちの仕事がなくなってしまうかもしれないからです。

経営者がいくら「雇用を守る」と言ったとしても、高い収益性が見込める投資機会をしっかりと見つけて（あるいは「創り出して」という言い方のほうが正しいですが）、そこに投資をし、既存の人員の再配置をしていかなければ、それは、今いる（自分を含めた）生産性の低い人のために、将来の高い収益性を犠牲にする意思決定をしているのと同じです。プレスコットらがイノベーションを阻害するものと言っているのは、このことです。

抵抗が生産性を下げる

抵抗の少なさがイノベーションにとって重要になるということを指摘した研究は、これまでにもありました。例えば、ノースウエスタン大学の経済史家ジョエル・モキアは、世界の産業革命（特にイギリス）を歴史的に分析して、新しい技術の導入に対する抵抗の少なさが重要な役割を担っていたことを発見しています。[11]

ただし、これまでの研究はいわゆるケーススタディであり、経済成長が実際に達成されるプロセスを分析することで重要な要因を抽出しようとする帰納的なものでした。このような帰納的なケーススタディでは、実際にどのようなことが起こっていたのかはとてもよく分かるのですが、そこで想定している原因と結果の因果関係が他の事例についても一般化できるのかは、やや心もとなくなってしまいます。一方で、理論的なモデルだけでは、本当に現実がそうなっているのかという疑問になかなか答えられないという弱みもあります。

そこでプレスコットらが用いたのが、「カリブレーション」と呼ばれる方法です。カリブレーションとは、日本語では「較正《こうせい》」とも呼ばれるもので、測定の結果の値を比較して、それぞれの測定が標準となる測定からどれだけズレているかを知り、そのズレを是正することを意味します。もともとは、例えば水位計や放射線量などの読みを正しく調整することとして使われてきました。

プレスコットは、理論的なモデルを作った上で、アメリカと日本の戦後の成長の軌跡からパラメターの値をできるだけ現実的なもの（アメリカと日本の戦後の成長を説明できるもの）にカリブレートしていったのです。その上で、そのモデルをフランス、西ドイツ、韓国、台湾の戦後の成長と照らし合わせて妥当性を確認しています。その結果、抵抗が大きいと、企業が新技術を導入する時に大きな投資（コスト）がかかってしまい、それが国の成長を阻害していることが改めて明らかになったのです。

新しい技術を導入することへの抵抗というのは、野生動物によって破壊されないようにするために、大きな壁を作って自分を守っているようなものです。そのような壁の中で閉じこもっていては、世界で競争していくことはできません。このように言うと、日本ではしばしば「それは強者の論理だ」と片付けられることがあります。しかし、その言葉が正当性をもつ社会ほど、ラディカルなイノベーションは起こりにくくなってしまうでしょう。

第八章　閉じ込められるイノベーション

前章では、日本人の特性として創造性がなかったり、集団的だったりするわけではなく、日本企業の雇用制度がイノベーション（特に破壊的なラディカルなもの）を阻害していることを明らかにしてきました。そこで本章では、さらに流動性とイノベーションという観点から、もう一歩踏み込んで企業の老化と脱成熟を考えていきたいと思います。

日本は高齢化社会が進展していますが、実は企業も同じです。日本には長寿企業が多くあります(1)。酒造や和菓子など食品関連、旅館や民芸品、あるいは建設会社などで老舗と呼ばれる企業がたくさんあるのはよく知られています。しかし、ここで焦点を当てたいのは、ニューヨークや東京証券取引所に上場しているいわゆる大企業の加齢の問題です。経営資源（その中でも人材）の流動性が低いために、日本企業は「老化」が早いということが分かってきました。どういうことでしょうか。

企業の加齢と稼ぐ力

日本とアメリカの企業の加齢と稼ぐ力の関係について考えてみましょう。次頁の図8は、東京証券取引所の一部と二部に上場している事業会社と、ニューヨーク証券取引所に上場している事業会社について、設立からの年数と平均ROAをプロットしたものです。ニューヨーク証券取引所には、オランダのフィリップスやフィンランドのノキアなど、アメリカの企業ではない企業も上場しています。日本からはソニーやトヨタ自動車なども上場しています。そのため、ここではアメリカに本社がない企業は除外し、いわゆるアメリカ企業だけを取り上げています。

ROAとは、Return on Assets の略で、総資産利益率と呼ばれているものです。企業が、利益の獲得のためにどれだけ効率的にその資産を使っているかを示す指標です。利益を表すにはいくつか指標があるのですが、ここでは営業利益で測っています。営業利益とは、その会社の中心となる事業から得た利益のことです。つまり、企業がどれだけ本業で稼ぐ力があるかを表していると考えて良いでしょう。

日本企業とアメリカ企業では、企業の年齢と本業での稼ぐ力の間に大きな違いがあることが分かります。アメリカ企業の年齢と稼ぐ力との間にはそれほど大きな関係はなさそうです。強いて言えば、アメリカ企業は設立から徐々に稼ぐ力を上げ、四〇歳代に入ってもそれを維持しています。一〇〇歳を超えると、加齢とともに、わずかながら収益性を落としていきます。しかし、それは僅かです。

これに対して、日本企業は十代前半で本業で稼ぐ力のピークを迎えています。そこから、加齢

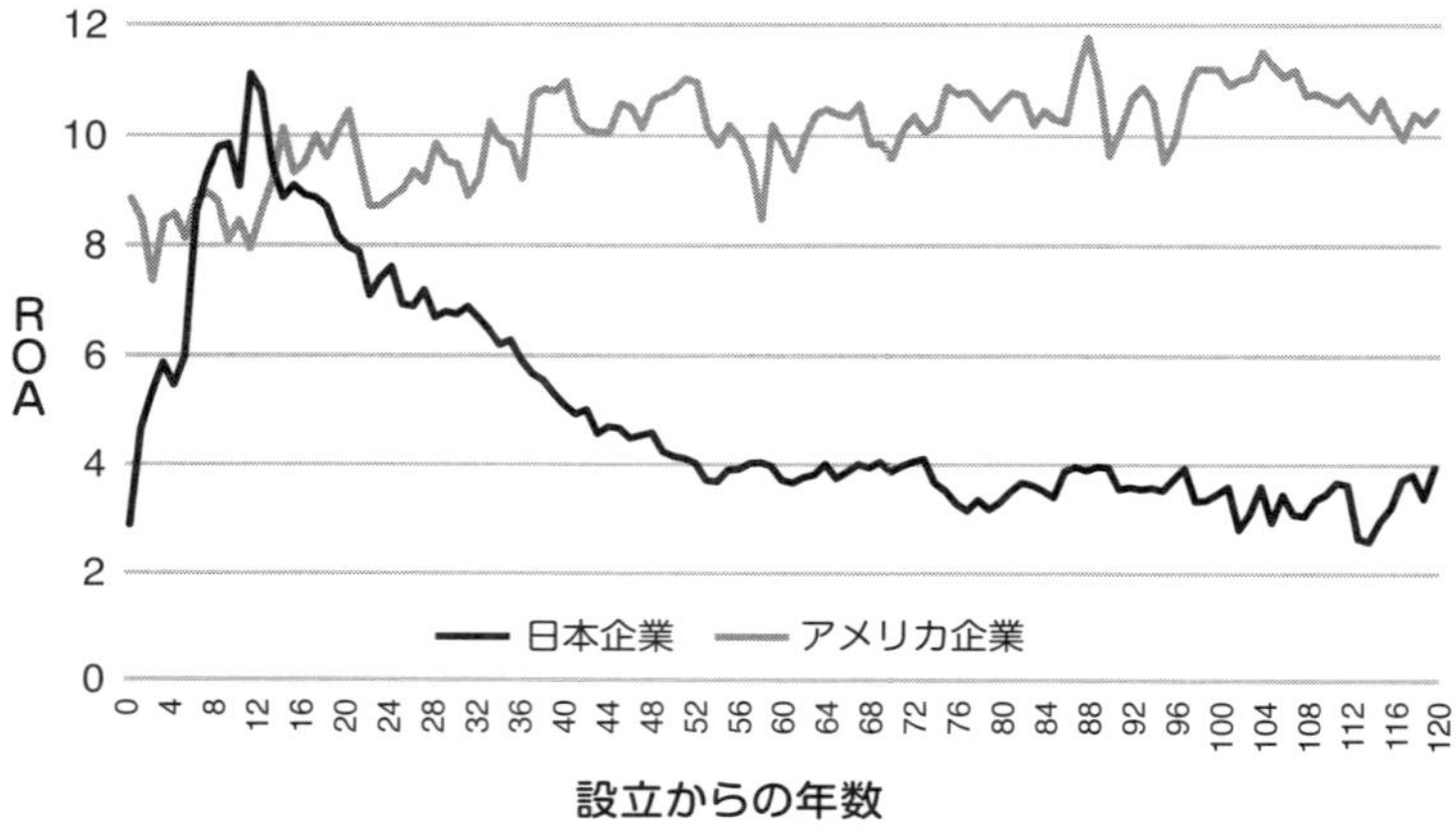

図８：日米企業の加齢と ROA の推移（単位 %）
出所：（YAMAGUCHI *et al.*, 2018）

とともに、稼ぐ力がどんどん落ちていきます。一〇〇歳を超えるとサンプル企業の数が減り、平均ＲＯＡが個別企業のパフォーマンスに大きな影響を受けるようになるので、グラフにやや凸凹が出てきますが、傾向は変わりません。

この図が示しているのは、アメリカ企業は設立から年数がたっても稼ぐ力はそれほど落ちない一方で、日本企業は若い時のピークを過ぎるとどんどん稼ぐ力が落ちていくということです。言い換えれば、アメリカ企業は加齢の影響を受けにくく、日本企業は加齢の影響が大きいのです。

もちろん、企業は市場で競争していますから、一〇〇歳を超えても生き残っている企業は、生産性が低いわけではありません。生産性が低ければ、市場から撤退せざるを得ないはずです。とはいえ、アメリカ企業に比して、日本企業の加齢とともに落ち込む稼ぐ力は深刻に見えます。

老化する日本企業

もちろん、ＲＯＡの水準は企業の年齢だけで決まるわけではありません。この背後にはさまざまな要因が存在しています。単純に考えても、企業の規模や成長率、市場での競争、あるいは企業の生まれた年など、さまざまな要因が影響しているはずです。そこで、筆者らの研究チームがそれらの値をコントロールしてざっと計算し直してみると、日本だけでなくアメリカの企業も、加齢していくとＲＯＡが低下していくことが明らかになりました(2)。一歳加齢すると、日本企業はおよそ〇・〇七から〇・〇九程度ＲＯＡが下がり、アメリカ企業はおよそ〇・〇三から〇・〇八低下していました。

ＲＯＡでこの程度の低下であれば、たいしたことはないと考える人もいるでしょう。しかし、日本企業の方がもともとのＲＯＡの水準が低いので、加齢のインパクトは大きいと言えます。しかも、加齢が進むとそのインパクトはじわじわ大きくなります。一年単位で考えれば、問題は先延ばしできる程度かもしれません。しかし、放っておくと、「ゆでガエル」になってしまいます（実際にはカエルは水温が徐々に上昇していくとしっかりと逃げたり抵抗したりするそうなので、カエルに失礼な喩えですが）。

さらに、私たちの研究チームはＲＯＡを収益性（営業利益率）と効率性（総資本回転率）に分けてみました。ＲＯＡが低下する原因が、収益性が下がっているからなのか、あるいは効率性が悪くなっているからなのかを確認してみたのです。そうすると、日米の企業の間に違いがあることが分かりました。日本企業は加齢とともに収益性がおよそ〇・一程度下がっていくのに対して、アメリカ企業ではそのような統計的に有意な低下は確認されなかったのです。その代わり、アメリカ企業は日本企業よりも効率性が落ちていくことが確認されました。つまり、加齢とともに、日本企業は収益性が低下し、アメリカ企業は効率性が低下することが分かったのです。

企業の脱成熟

アメリカ企業は歳を重ねてもそれほど収益性が落ちないのに、なぜ日本企業は加齢とともに稼ぐ力が弱くなっていってしまうのでしょうか（効率性については、この後に論じます）。

考えられる原因の一つとして、日本企業はこれまで安定的な株主が存在していたので、収益性が低かったとしても、合併や買収されることへのプレッシャーから比較的自由だったということが挙げられます。アメリカ企業は株主からの圧力が高く、常に合併や買収のプレッシャーに晒《さら》されているため、収益性を高くしておかなければなりません。つまり、日本では稼ぐ力が弱くても生き残っていけますが、アメリカでは稼ぐ力が強くないと生き残っていけないのです。

このことは、アメリカ企業によく見られる大胆な事業転換にもつながっています。デュポンを例に考えてみましょう。デュポンは一八〇二年に設立されたアメリカの化学会社です。二〇〇歳を超える伝統のある企業です（二〇一七年にダウ・ケミカルと合併し、さらに大型のダウ・デュポンになっています）。デュポンは火薬事業からビジネスをスタートさせました。そこから化学事業へと進出し、合成ゴムやナイロン、あるいはテフロンなどを事業化していきました。石油事業や医療品事業へ進出したこともありました。最近では、主力事業であったナイロンや医療品事業を売却し、バイオサイエンスをベースとした農業部門が大きな売上を占めるようになっています。このように、デュポンはその本業をどんどん変化させ、自己変革を行っているのです。

このような例は、アメリカ企業には珍しくありません。例えば、一八九二年に設立されたゼネラル・エレクトリックは、電気事業から航空機のエンジン、家電、発電、ヘルスケア、金融事業などに事業を展開してきました。現在では、航空宇宙部門や家電、金融事業などから撤退し、IoT（Internet of Things）へと舵を切っています。一九一一年に設立されたIBMは、コンピュータ一の製造を本業としていましたが、一九九〇年代中頃から、不採算部門を次々と清算していき、ハードウェア中心のビジネスからソフトウェアおよびサービスへと転換していきました。アメリカ企業がこのような大胆な事業の転換を行える背景には、遊休資産となった人員のレイオフや整理解雇などを行いやすい環境があります。アメリカでは、企業は遊休資産を社内に抱えることなく、新しいビジネスを追求していけるのです。だからこそ収益性は高くなります。

硬直化する日本企業

日本でも、もちろん企業は自己変革を試みます。しかし、その変革はずっとマイルドで遅いのです。収益性の低い事業であっても、すぐに清算するようなことはなかなかありません。日本企業は、短期的な利益を追求するよりも、より長期的な視点に立って経営を行ってきたと言われてきました。しかし、もしも本当に長期的な視点に立って経営がなされているとすれば、年齢とともに収益性は上がってきても良さそうなものです。長期的な視点という名のもとに、重要な意思決定を後回しにしてきたのかもしれません。

そこで、筆者らの研究チームは、企業が研究開発のポートフォリオをどのくらい変化させているかを測ることで、日米の企業の流動性を分析しました。新しい技術を生み出す研究開発の領域が、加齢とともにどれだけ硬直的になっていくのかを調べてみたのです(3)。その結果は、驚くべきものでした。日本企業の方が加齢とともに硬直的になっていくことは予想していたのですが、三〇歳の日本企業の流動性と一〇〇歳のアメリカ企業の流動性がほぼ同じだったのです。予想を上回る日本企業の柔軟性のなさでした。

同じ領域で長い間ビジネスをしていれば、そこでの学習は進むでしょう。だからこそ、先に述べた通り、日本企業は加齢しても効率性があまり落ちないのです。業界にも精通し、より効率的なビジネスの仕方も分かってくるはずです。しかし、いつまでも高い収益性を維持できるような市場はなかなかありません。収益性は落ちてくるでしょう。反対に、アメリカ企業は、より収益性の高いビジネスに転換していくことができるので、加齢とともにそれほど収益性が低下することはないわけです。

企業単位で考える落とし穴

アメリカ企業の方がよりビジネスの転換をしていると言うと、「コダックは倒産したけど、富士フイルムは生き残っているじゃないか」と考える人もいるでしょう。

確かに、フィルムのビジネスで国際的なリーダー企業だったイーストマン・コダックは、カメラのデジタル化というイノベーションによって競争力が大きく低下し、二〇一二年にアメリカの連邦倒産法第一一章の適用を申請しました。つまり、倒産処理手続きを開始したのです。しかし、同じようにフィルム・ビジネスを主たる事業の柱にしていた富士フイルムは、コダックと同じデジタル化の波に直面したにもかかわらず、ヘルスケアや化粧品へと事業を転換させ、イノベーションのジレンマを回避して生き延びたのです。

そのため、日本では「富士フイルムが組織の力で勝ち、コダックは負けた」という旨の報道が多くなされました。しかし、本当にそう言えるでしょうか。もちろん、企業ごとに考えると、富士フイルムは生き残り、コダックは倒産したわけですから、富士フイルムが勝ったと言えるでしょう。しかし、もう少し視点を上げて考えてみると、それほど単純な話ではないのです。

富士フイルムは、フィルム事業で培った技術をヘルスケアなどの領域に展開していきました。しかし、コダックもフィルム・ビジネスを行っていたわけですから、社内の研究者たちは同じような技術を持っていたわけです（しかも、コダックの方が国際的に見れば圧倒的なリーダー企業でした）。そして、多くの優秀な研究者やマネージャーは早くにコダックを離れて、自らビジネスを展開していったのです。

実際、コダックの研究所があったニューヨークのロチェスターには、コダックから派生した企業が多くあります。例えば、デンタルやメディカルの画像システムの世界的なサプライヤーであるケアストリームヘルスは、二〇〇七年にコダックから切り離されたヘルス部門が母体です。スタートアップのトゥルーセンス・イメージングの社長に就任しているのは、コダックの画像センサー部門の部長であったクリス・マクニフです。一九九九年に設立されたロジカル・イメジィズでは、コダックからスピンオフしたトップエンジニアが医療用のソフトウェアの開発を進めています。コダックで一九八七年に世界最初のマルチレイヤーの有機発光ダイオードを開発したスター研究者の一人であるスティーブン・バン・スライクは、二〇〇八年にカリフォルニアのメンロ－パークで設立されたスタートアップ企業のカティーバでその事業化を進めています。

このように、富士フイルムとコダックの転換を考える際には、その二社だけを見ていては全体像が上手くつかめません。転換の成否を総合的に考えるのであれば、富士フイルムのヘルスケア部門とコダックから外に出てヘルスケア・ビジネスに従事している多くの研究者やマネージャーたちのパフォーマンスを比べないと、フェアな比較にならないのです。

このことは、企業単位でイノベーションや収益力を評価することの限界を示しています。経営資源の流動性のあり方によって、成熟したビジネスからの転換（脱成熟）の仕方が違ってくるのです。日本のように人の流動性が低い社会では、企業単位で事業の転換を図ることになります。一方、アメリカのように流動性が高い社会では、優秀な人材が企業の外に飛び出して起業しやすいので、必ずしも企業が事業転換の重要な単位にはならないのです。

どちらの方が事業転換は上手く行くのでしょうか。それはこれから実証的に分析しないといけないところです。ただし、これまでの研究からすると、社内の転換だけに任せていると、社内の強みを破壊するようなイノベーションは起こりにくいということが予想されます。自社のビジネスの強みを破壊するようなプロジェクトに自ら投資することは合理的ではないからです。しかし、スピンアウトしてしまえば、そんなことは関係なく、自由に高い収益が期待できるところに転換していけます。しかも、大企業であればあまり小さい市場への転換はしにくいのですが、スタートアップならば、小さな市場でも高い収益性が期待できれば問題ありません。

これは、いつまで企業という枠組みでイノベーションを考えるのが適切なのかという疑問を投げかけるものでもあります。企業という枠組みで考えるのであれば、日本社会の方が企業の脱成熟に適していると言えるかもしれません。しかし、産業あるいは個別の技術という点で考えると、脱成熟に適しているのは、おそらく流動性の高いアメリカ社会の方でしょう。

スピンオフとスピンアウト

会社で働いていて、新しいビジネスの機会に出会ったとします。自分が新しいアイディアを思いつくこともあるでしょうし、持ち込まれることもあるでしょう。そんな時、あなたはどうするでしょうか。

「まずは上司（あるいは同僚）と相談して、自分の会社の経営資源を使って、そのビジネス機会を追求してみよう」と考える人が多いのではないでしょうか。そこで、運良くすんなりと了承が得られれば、そのビジネス機会の追求が社内で始まります。

しかし、社内での了承が得られる場合ばかりではありません。上司が、「会社の方針に合わない」「リスクが高い」「実績がない」「市場が小さすぎる」などと反対するかもしれません。あるいは、そのビジネス機会が、自社がこれまで構築してきた能力を破壊してしまうような場合もあるでしょう。そのような時は、社内で了承はなかなか得られません。ここで諦めてしまえば、そのビジネスのチャンスは追求されないままとなります。

そこで、その新しいビジネス機会を追求するために、現在勤めている組織を離れて、新しい企業を設立したり、スタートアップに参加したりする人もいるかもしれません。これをスピンオフ、あるいはスピンアウトと言います。スピンオフとは、親企業から資本の提供を受けて独立するもので、スピンアウトはそれがないものです。親企業からの資本提供を受けなかったとしても、独立するわけですから、より野性味あふれるのはスピンアウトです。

スピンアウトは、イノベーションの重要な源泉の一つだと考えられています。それまで働いていた企業や大学で培った知識を活かして、新しい市場を開拓したり、新しい製品やサービスを提供したりするからです。企業の場合は、自社の競争力を破壊するようなイノベーションに投資をすることは難しい意思決定になります。また、企業の規模が大きくなればなるほど、ビジネス・チャンスがあったとしても、市場の規模が小さければそれをターゲットにするのは難しくなります。大学では、そもそもビジネス・チャンスを見つけたとしても、スピンアウトしなければそれを追求することはできません。スピンアウトは、大企業や大学といった既存の組織では追求することが難しいビジネス・チャンスを開拓するからこそ、イノベーションの有効な手段と考えられているのです。そして、経営資源の流動性（特に新しいアイディアを持った優秀な人材の流動性）はこのスピンアウトに大きな影響を与えます。

低かった日本の人材の流動性

それでは、日本の労働市場の流動性はどうでしょうか。これまでの議論から想像できる通り、日本の人材の流動性は高いものではありません。しかし、これを学問的に証明するのは意外に難しいのです。個人の組織間の移動はプライバシーに関わるものであり、データを体系的かつ継続的に集めるのは簡単ではありません。社内の異動まで含めると、それを体系的かつ継続的に（さらには大規模に）集めるのはかなり難しいのです。そのため、国全体での人の移動の推移をカバーするような研究はあまりなく、ある特定の領域での人の移動から、全体の傾向を推察するものが主流です。

カリフォルニア大学バークレー校のロバート・コールは、横浜とデトロイトの労働者の動きを分析しました[4]。これは、戦後の流動性を一九六〇年代から一九七〇年代にかけて国際比較した研究として貴重なものです。コールの調査では、最初の就業機会から転職を経験していない労働者の割合が、横浜では、戦後から高まり、一九六六～一九七〇年には七六・五％に達していたことが明らかになっています。つまり、最初に就職したところでずっと仕事を続ける人がほとんどだったのです。デトロイトでは、その割合は、一九六六～一九七〇年では三六・八％であり、六〇％を超える労働者が転職を経験していました。

流動性が特に低かったのは、大企業のいわゆるコア人材だということも明らかになっています。コア人材とは、その企業が製品やサービスを生み出すプロセスにおいて極めて重要な役割を果たしている人たちです。コア人材はさまざまな職種に存在していますが、研究開発をリードする人はその典型です。研究開発は、知識集約的な産業において長期的な競争力を維持するうえでとても大切な役割を果たしています。そこでは修士号や博士号を持っている高度人材が新製品の開発や既存製品の改良を行っています。彼らの能力は、知識集約的な産業では、企業の競争力を大きく左右します。

では、日本の流動性はどの程度低かったのでしょうか。国際的な研究グループが、研究開発の人材のマネジメントやキャリアなどについて行ったアメリカ、日本、イギリス、ドイツの比較研究があります。[5] この調査では、転職経験者の割合はドイツ四二・七%、アメリカ三八・二%、イギリス三四・七%となっているのに対して、日本はわずか五・八%でした。[6] つまり、日本ではほとんどの人材が転職をせず、同じ会社で働き続けているのです。日本企業で研究開発に従事している人材の低い転職率は、他の研究でも観察されています。例えば、一九八三〜一九八四年に行ったアメリカと日本のコンピューター企業の研究開発担当者へのインタビューでは、アメリカではほぼ半数で転職経験があったのに対して、日本ではわずか三%だったのです。[7]

コア人材の低流動性

筆者が行った研究でも、同じ傾向が見られています。[8] 上記の研究が、研究開発に従事しているコア人材を対象にしたものであったのに対して、筆者の研究では、さらにそのなかでも特に優秀な人材の流動性を調べてみました。

	アメリカの研究者	日本の研究者
発明者数	108	84
平均所属組織数	2.73	1.17
中央値	3	1
最大値	8	6
一度も組織間の移動を経験していない人の割合	36.11	92.86

表３：アメリカと日本のトップ発明者の流動性
出所：『ジェネラル・パーパス・テクノロジーのイノベーション：半導体レーザーの技術進化の日米比較』（有斐閣）表１から筆者作成

表3は、半導体レーザーの領域におけるアメリカと日本の優秀な人材の流動性を示したものです。半導体レーザーは、日米を中心に一九七〇年代から盛んに研究開発競争が行われていた技術です。ここでは、この領域の研究で国際的にトップ一％の極めて優秀な人材の流動性を見ています。コア中のコア人材と言っても良いでしょう。

まず、平均所属組織数から見てみましょう。これは、研究者がそのキャリアで所属していた組織の数を示しています。つまり、所属組織の数が二だとすれば、その人は一回、組織を移ったということになります。平均所属組織数は、アメリカが二・七三であるのに対して、日本は一・一七となっています。中央値で見るとアメリカは三であり、日本は一です。つまり、平均的に、アメリカの上位一％の研究者は所属先を二回変えているのに対して、日本は一回も変えていない人が多いということになります。所属を一回も変えていない発明者の割合は、アメリカが三六・一一％であるのに対して、日本は九二・八六％です。アメリカは一社にとどまる人が少ないのに対して、日本ではほとんどの人が最初の所属先にとどまっているのです。

このように、日本の労働市場の流動性は戦後、国際的に見ても低かったのです。中小企業間の人の動きは、国際的に見てもそれほど低いものではなかったという指摘もされていますが、いわゆる大企業のコア人材の流動性は低かったのです。さらに、大企業の人材の中でも、コア中のコア人材は極端に流動性が低いことが判明しました。もちろん、企業の中で異なる部署に異動になったり、子会社に出向したりすることはありますが、転職や解雇を通じた組織間の流動性は少なかったのです。

流動性の高さとベンチャー・キャピタルの活発さ

人の流動性は、ベンチャー・キャピタルの活発さと密接に関連しています。例えば、一九八六年から一九九五年の間の二一カ国のベンチャー・キャピタルについての調査は、労働者に対する保護の強さと、ベンチャー・キャピタルの活発さの間には負の相関関係を見出しています[9]。一九九〇年から二〇〇八年までのヨーロッパにおける分析においても、雇用保護に関する強い規制がベンチャー・キャピタル市場の成長を阻害しているということが分かっています[10]。ヨーロッパの一四カ国を一九八八年から二〇〇一年まで分析した調査では、中小企業の株式市場を開設すること、企業のキャピタル・ゲインへの税率を低下させること、そして労働市場の規制を緩和することは、知識集約的な産業における初期のベンチャー投資を活発化させることと高い正の相関関係を持っていることが明らかになっています[11]。

なぜ、人材の流動性が高いと、ベンチャー・キャピタルが活発になるのでしょうか。考えてみればごく当たり前のことですが、一応確認しておきましょう。まずスタートアップにとっては、必要な人材を外部市場から速やかに調達できるかどうかが死活的に重要です。人の流動性が高い社会では、既存企業から優秀な人材を引き抜くことも容易なので、ベンチャー・キャピタルは積極的にその資金を提供しようとするのです。また、人材の流動性が高ければ、もし新しいチャレンジに失敗したとしても、自分の能力に応じた再就職の機会を比較的容易に得られることになります。だからこそ、流動性が高い社会では、多くの人が新しいことにチャレンジしようとします。したがって、ベンチャー・キャピタルも活発になるのです。

これまで日本のベンチャー・キャピタルは、「銀行出身者ばかりだからダメだ」とか「ベンチャー・スピリットがない」などと批判にさらされてきました。しかし、ベンチャー・キャピタルの投資は、労働市場の流動性の高さに大きく依存しているのです。ベンチャー・キャピタルだけを責めるのはあまり公平ではないでしょう。

閉じ込められるイノベーション

経営資源の流動性が高まると、新しいチャレンジが世の中に増えてきます。既存企業から独立して新しい市場を開拓するチャレンジも多くなります。スピンアウトは、まさに野生化するイノベーションの典型です。既存の組織では追求できなかったビジネス・チャンスを求めて飛び立つのです。

イノベーションが既存企業で生み出されるか、スピンアウトから生み出されるかは、その性質に大きく影響します。既存企業にはビジネスについての学習の蓄積や既存の顧客やサプライヤーとのつながり、あるいはブランド力などがあります。スピンアウトは、既存企業と同じ土俵で競争すると競争優位を築けないので、既存企業の強みを陳腐化させるようなイノベーションをもって参入するわけです。つまり、流動性が高い社会では、スタートアップが増え、それにともなって破壊的なイノベーションも多くなるのです。

日本では、これまでスピンアウトはあまり見られませんでした。経営資源（その中でも特にヒトやカネ）の流動性が低かったため、新しいビジネス機会を見つけたとしても、多くの人は既存企業の中でイノベーションを目指したのです。その場合、今働いている企業の競争力の源泉を壊してしまうようなイノベーションに投資するのは合理的ではありませんから、当然、破壊的なイノベーションは少なくなります。反対に、現在の競争力の源泉をさらに補強するような累積的なイノベーションを生み出す傾向は強くなります。いわば、イノベーションは既存企業の社内に閉じ込められて、野生性を失ってしまったと言えます。

日本における新規参入が国際的に見て低い水準にあるのかどうかは、新規参入自体を一つ、二つと数えるのは簡単なことではないので、まだ実証的には明確にされていません。しかし、スタートアップ（特にスピンアウト）の少なさから考えると、新規参入の水準はそれほど高くないことがうかがえます。

破壊的なイノベーションを増やしたければ、新規参入を増やすことを考えることが大切です。

もちろん、新規参入をするのは、スピンアウトやスピンオフによるスタートアップだけではありません。既存企業であっても、新しい領域にビジネスを多角化していくことはあります。しかし、スタートアップは、社会的に見ると、大企業が追求していない（追求できない）ビジネスの機会を創り出し（あるいは、見つけ出し）、それを発展させていくという機能を果たします。

もしも、日本で破壊的なイノベーションを増やしたければ、例えば、規制緩和を行う際にも、政府は新規参入を促進するような政策を行うことが大切になります。規制を緩和したとしても、プレイヤーがいつまでたっても同じ顔ぶれだと、破壊的なイノベーションは期待できません。

このように考えてくると、流動性を高めることが何より大切だということになりそうです。流動性が高まれば、ビジネス・チャンスの追求も進みますし、社会的にも適材適所が達成されそうです。しかし、実はそれほど簡単な話ではないのです。この点はとても大切なポイントなので、第三部で詳しく見ていきます。

第三部　「野生化」は何をもたらすか

人や資本などの流動性が低い日本では、既存の組織の中にイノベーションが閉じ込められがちで、ラディカルなイノベーションが少ないということが明らかになってきました。

それでは、日本でラディカルなイノベーションを増やしたければ、流動性を上げていけば良さそうです。アメリカは経営資源の流動性が高い社会を構築してイノベーションを生み出しているのだから、そのベスト・プラクティスを日本にも導入すれば良い、つまり日本社会をアメリカ社会化すれば良いというわけです。

しかし、それで万事解決というほど単純ではないということが、じつは筆者が本書で訴えたいことなのです。第三部では、流動性とイノベーションの多面的な側面を、もう一歩、深掘りしてみましょう。

流動性が低い社会だと、スタートアップは減ります。既存企業は脱成熟に時間がかかり、加齢による収益低下を招きやすくなってしまいます。産業レベルで見ると、流動性が高い社会にした方が脱成熟のスピードは速くなるでしょう。そのため、基本的に経営資源の流動性は高ければ高いほどイノベーションに良いと考えられています。

しかし、ヒトやカネといった経営資源の流動性を高めていくと、すべて上手くいくのでしょうか。実は、それほど簡単な話でもないのです。

流動性は高ければ高いほど良いのか

まず、資金の流動性について考えていきましょう。資金の流動性が高ければイノベーションが多く生まれ、資金へのアクセスが難しければイノベーションは生まれにくいことは、これまで繰り返して観察されてきました(1)。また、ベンチャー・キャピタルのための制度整備や中小企業技術革新制度（SBIR）の確立などが、アメリカにおけるスタートアップを促進したということも繰り返し指摘されてきました。

しかし、最新の研究では、流動性が高すぎるとそれはそれで問題がありそうだということが分かってきています。ロンドン・スクール・オブ・エコノミクスのフィリップ・アギオンらは、資金の流動性（より具体的には、信用へのアクセスの容易さ）が高ければ、確かに企業家はイノベーションを起こしやすくなる一方で、生産性の低い既存企業が生き残りやすくなるというデメリットもあると指摘しています。[2] 流動性の高さと生産性の成長の間には、逆U字型の関係があるというわけです。実際に、第六章でも触れたように、一九九〇年代の日本では、不良債務者にも資金援助が行われ、その結果、生産性の低い企業が生き残ってしまうという問題が起きました。[3] 資源配分の歪みであり、度を過ぎたカネの流動性だったわけです。

累積的なイノベーションの水準を下げる流動化

それでは、人の流動性についてはどうでしょうか。資金の流動性についての研究と比べると、人材の流動性とイノベーションの関係は、まだ十分な研究が蓄積されてきたとは言えません。先にも述べた通り、資金の流動性と比べると、人の流動性を測定するのは難しいからです。そこで筆者は半導体レーザーという非常に汎用性の高い技術に範囲を絞って、人の流動性（特にスピンアウトの興隆）がイノベーションにどのような影響を与えるのかを調べてみました。

これまで見てきたように、人の流動性が高ければ、新しい技術やアイディアは企業家を介してどんどんビジネス・チャンスの方に動いていきますから、イノベーションにとっては歓迎すべきことのはずです。しかし、筆者が半導体レーザー業界を調査した結果、どうも良いことばかりではないということが分かってきました。流動性が高い場合には、そうでない場合に比べて、既存の累積的な技術開発の水準が低減する可能性があるのです[4]。ここでは簡単にその論理を見ていきましょう。

経営資源の流動性が高まっていくと技術開発の水準にマイナスの影響が出る理由は、サブマーケットを開拓するためのスピンアウト競争が前倒しで行われてしまう点にあります。サブマーケットとは、既存の市場で蓄積された知識などの一部を応用して開拓できる市場のことです。例えば、炭鉱の水を汲み上げるために開発された蒸気機関は、その後、工場の動力や機関車、船などのサブマーケットに応用されていきました。民間旅客機が本格的に登場したのは一九二〇年代からですが、これはもともと軍事用に開発されていた飛行機を民間に転用してできた市場であり、軍事用技術のサブマーケットです。技術の汎用性が高ければ高いほど、それを応用して開拓しうるサブマーケットの数も当然多くなります。

それらのサブマーケットの期待される規模や利益率、不確実性などはさまざまです。先行者優位性を築けそうな場合には、できるだけ他者に先駆けてそのサブマーケットを開拓することが重要になります。そのため、経営資源の流動性が高い場合には、既存の技術の領域で研究開発を進めていた研究者の間で、いち早くスピンアウトし、より魅力的なサブマーケットへ先に参入する「出し抜き競争」が生まれやすくなります。実際、レーザーや人工知能などでは優秀な人材が次々とスピンアウトし、サブマーケットの開拓に向かっている事例が見られています。

出し抜き競争は、既存企業の既存の研究開発プロジェクトの生産性を低下させてしまいます。研究開発プロジェクトチームから優秀な人材が抜けてしまえば、当然、その生産性は低下します。研究開発プロジェクトが高度なものであり、抜ける人材が優秀であればあるほど、労働市場から代わりの人材をすぐに調達することは難しいわけです。そのため、優秀な人材がスピンアウトのタイミングを前倒しすればするほど、既存の技術の累積的な研究開発への負の影響は大きくなります。その結果、既存の研究開発の成果は当初の見込みよりも小さくなり、イノベーションの軌道自体が収束していきます。

これを技術のS字カーブを使って図示してみると、図9のようになります。技術のS字カーブとは、技術は揺籃期をへて、成長期に大きく発展し、やがて成熟期を迎えるという技術発展の軌道を描いたものです。多くの技術がこのようなライフサイクルをたどると言われています。

経営資源の流動性が高い社会では、より魅力的なサブマーケットを巡るスピンアウト競争が起こりやすくなります。サブマーケットを巡るスピンアウトの競争を研究者が予期することによって、出し抜き競争が起こり、スピンアウトするタイミングが(1)の矢印が示すようにtからt−1へと前倒しされていきます。その結果、(2)の矢印が示すように、既存の技術進化の軌道は、図の破線のように、スピンアウトが起こりにくい場合と比べると、早い段階で収束してしまいます。

これとは反対に、スピンアウトが少ない日本のような社会では、研究開発の経営資源がある領域に安定的に投入されるために、tの時点に至るまでに多くの成果が生み出されます。その後も

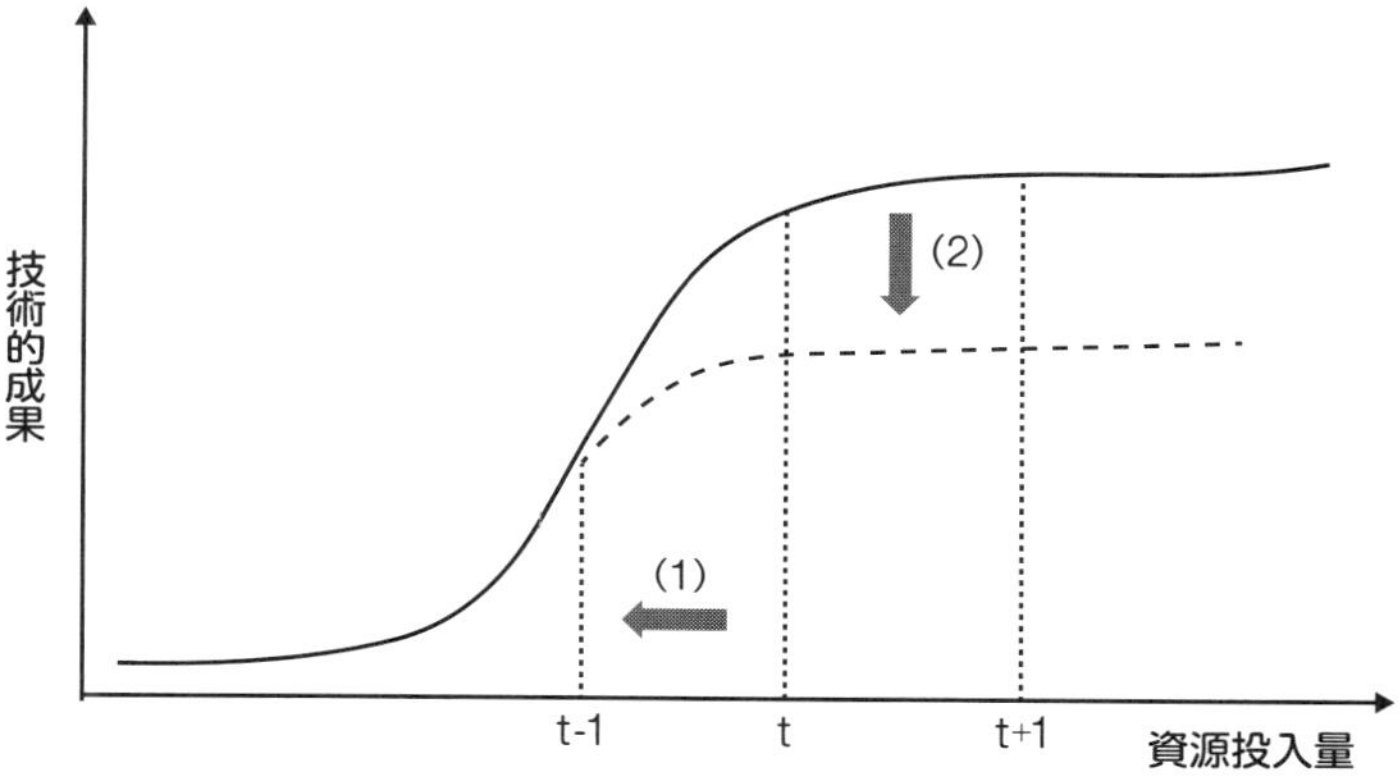

図９：スピンアウトのタイミングと技術進化
出所：『ジェネラル・パーパス・テクノロジーのイノベーション』

技術的に高い水準で推移していけるので、高い競争力を維持できるのです。ただし、注意しなくてはならないのは、すでに技術が成熟しているｔ＋１の段階でも同じ領域でいつまでも競争を続けていると、次第に価格競争に陥り、利益を出せなくなってしまうことです。

ともあれ、累積的なイノベーションは、既存の仕組みを創造的に破壊するようなイノベーションと比べると、その重要性が過小評価されがちです。しかし、既存の仕組みを大きく破壊するようなイノベーションでも、最初から完成されたモノとして生み出されるものはありません。その後も累積的な改良を続け、補完的な技術を開発し、そして関連制度を整備していかなければ、いくら潜在的に大きなインパクトを持ちうる技術であったとしても、それが大きな経済的果実を生むことはありません。特にジェネラル・パーパス・テクノロジーと言われる極めて汎用性の高い技術の場合には、累積的なイノベーションの重要性は顕著です。流動性が低い日本型社会の方が、むしろイノベーションの到達点を高くできるという側面もあるのです。

「手近な果実」をもいでいるのか

日本のようにスピンアウトを促進する制度が整備されていない社会では、研究者は同じ領域で長期間競争しやすくなるため、累積的なイノベーションは多くなりますが、サブマーケットの開拓は進みません。反対に、流動性が高い社会においては、サブマーケットの開拓は進みますが、累積的なイノベーションが十分に成熟しない傾向があります。

果たして、どちらの方がより効率の良い社会なのでしょうか。これまでの経験から考えれば、サブマーケットの中から社会全体を大きく成長させるようなイノベーションが出てくることが期待できるのだから、後者の方が良いのではないかと思う人も多いでしょう。しかし、そうとも言い切れません。

サブマーケットを巡ってスピンアウトする研究者には、ジレンマが存在しています。ライバルの研究者に先駆けて魅力的なサブマーケットに参入すれば、より多くの利益が期待できます。しかし、あまりに早い段階だと、サブマーケットに活用する基礎となる技術が未成熟なため、技術開発にかかる追加的な投資が大きくなります。

だからこそ、なるべく追加的な投資が必要なさそうなサブマーケットを狙うことになります。つまり「手近な果実（ロー・ハンギング・フルーツ）」がターゲットにされやすいのです。もちろん、そのようなサブマーケットの中から大きく成長するイノベーションもあるかもしれません。しかし、手近な果実ばかりもいでいると、基本的には太い幹を持つイノベーションが育たなくなり、社会全体としては先細りしてしまう恐れがあります。

流動性の高い社会で、本当に手近な果実をもいでしまう現象が起きているのかどうかは、今後、研究で実証的に明らかにする必要があります。しかし、すでにアメリカでは、最近生み出されているイノベーションの多くは、近視眼的な意思決定の結果、手近な果実を摘み取って生み出されたものではないかという懸念が出始めています。

例えば、ノースウエスタン大学のロバート・ゴードンは、これまでの歴史を振り返ると、電気、内燃機関、そして屋内配管の三つが社会全体の生産性の向上に極めて重要な役割を担っていたと指摘しています[5]。これらはどれもジェネラル・パーパス・テクノロジーと呼ばれる、汎用性の極めて高い技術です。そのような技術は、さまざまな産業で広く生産性の向上に寄与しうるため、経済全体に与えるインパクトが大きいのです。社会がそのような技術を継続的に生み出していけるかどうかは、長期的な経済成長の実現にとって非常に重要です。ゴードンは、一九七〇年以降、このような汎用性の高い技術はアメリカでは生み出されていないと指摘し、今後の経済成長についてやや懐疑的な見方を示しています。ジョージ・メイソン大学のタイラー・コーエンも、アメリカは「過去三〇年以上にわたり、手近な果実をもいで暮らしてきたということだ」と指摘しています[6]。

そうは言っても、インターネットや人工知能、あるいは原子時計やそれを応用したGPSなど多くのイノベーションが出ているのだから、それほど悲観する必要はないだろうと思う人もいるかもしれません。ただ、それらがどこから生まれてきたのかを考える必要があります。

じつは、これらのイノベーションは民間企業の力だけで生み出されたものではありません。それらが開発される上で、アメリカの国防高等研究計画局（一般的にはＤＡＲＰＡ《ダーパ》と呼ばれています）の研究費が重要な役割を担っていたのです。ＤＡＲＰＡの研究資金が、実用化までの道のりがまだ遠い基礎的な研究を下支えしてきました。まずはＤＡＲＰＡが基礎研究を支え、そこから良い結果が出れば企業家がスタートアップを設立し、事業化していきます。そして、さらにその事業化後の競争に勝ち残ったものが、大きなビジネスに育っていくのです。このような循環が存在しているため、社会の流動性が高まり企業が手近な果実をもぐ傾向が強まったとしても、アメリカでは次世代の果実を生み出す幹の太い技術が育まれているのです。

そんなアメリカでも、基盤的な技術が枯渇してきているという懸念が出され始めているのですから、この「手近な果実」問題は、日本の改革を進めていく上でも考慮に入れておく必要があるでしょう。

イノベーションのコスト

流動化が進み、スピンアウトが多くなることにより、累積的なイノベーションの技術水準が低下してしまうことは、イノベーションのコストということもできます。

イノベーションというと、そのポジティブな側面ばかりが強調されがちです。しかし、その背後にあるコストもセットで考えなくてはバランスを欠きます。ここでは、そのコストの方を考えていきましょう。実は国ごとにそのコスト負担の在り方は大きく違っています。

イノベーションのコストは、大きく二つに分けられます。プライベートなコストと社会的なコストです。プライベートなコストとは、企業がイノベーションを生み出すために支出する費用です。研究開発にかかる費用や、その成果を製品化するための設備投資などがこの典型です。優秀な人材を雇用するための費用もあるでしょう。いずれにしても、自ら生み出そうとするイノベーションのために企業が負担する出費がプライベートなコストです。

一方、社会的なコストとは、イノベーションに伴う企業が負担しないコストです。多くの場合は国民が負担しています。例えば、企業がやらないような不確実性が高い研究や基礎的な研究にかかるコストは、大学や国の研究機関で賄《まかな》っています。社会的なコストに含まれるものは、イノベーションを生み出すためのコストばかりではありません。イノベーションが生み出されたことによる負の外部性も社会的なコストです。例えば、産業革命以降、CO_2の排出量増加によって生じている環境問題は、イノベーションの社会的なコストです。イノベーションに破壊されてしまい、職を失った（あるいは、賃金がかなり下がってしまった）人に対する保護や生活の保障などのセーフティー・ネットにかかる費用も社会的なコストです。

イノベーションのコストというと、前者のプライベートなものが最初に頭に浮かぶかもしれません。しかし、後者のコストも合わせてきちんと考える必要があります。その際、イノベーションの利益を誰が享受し、誰がコストを負担するのかは重要なポイントです。

基礎研究を誰が負担するのか

図10は、日本とアメリカの研究開発費に占める基礎研究の割合の推移を示したものです。マーカーがついていない折れ線は企業（右側の第2軸）、四角のマーカーがついている折れ線は大学（左側の第1軸）の基礎研究の割合の推移を示しています。

まず、企業の基礎研究の割合を見てください。企業はそもそもそれほど基礎研究に費用を割いていません。基礎研究は不確実性が高く、実用化までまだ遠いものが多いので、企業はあまりやりたがらないのです。基礎研究に割り当てられているのは、研究開発費全体のおよそ三〜七％です（右側の第2軸）。それでも、日本企業の方がアメリカ企業よりも基礎研究の割合が高いことも分かります（日本とアメリカでは産業の構成が違いますから、あくまでも平均的に見た場合の数字ですが）。

もちろん、これは、アメリカの企業が基礎的な研究開発の成果に立脚していないというわけではありません。大学や国の研究機関で生み出された基礎的な知見を、産学連携や大学発のスタートアップのM&A（吸収合併）などを通して活用しているのです。アメリカの大学は一九七五年に基礎研究に六三・七％を使っていましたが、それが一九九〇年代末には七〇％を超えるまでに増えました。二〇一〇年代に入り増加傾向はやや落ち着き、元の水準に戻りましたが、基本的には大学が基礎研究を担い、企業がその成果を活用するという分業が成立しています。

一方、アメリカとは対照的に、日本の大学は基礎研究の割合を減らしてきています（左側の第

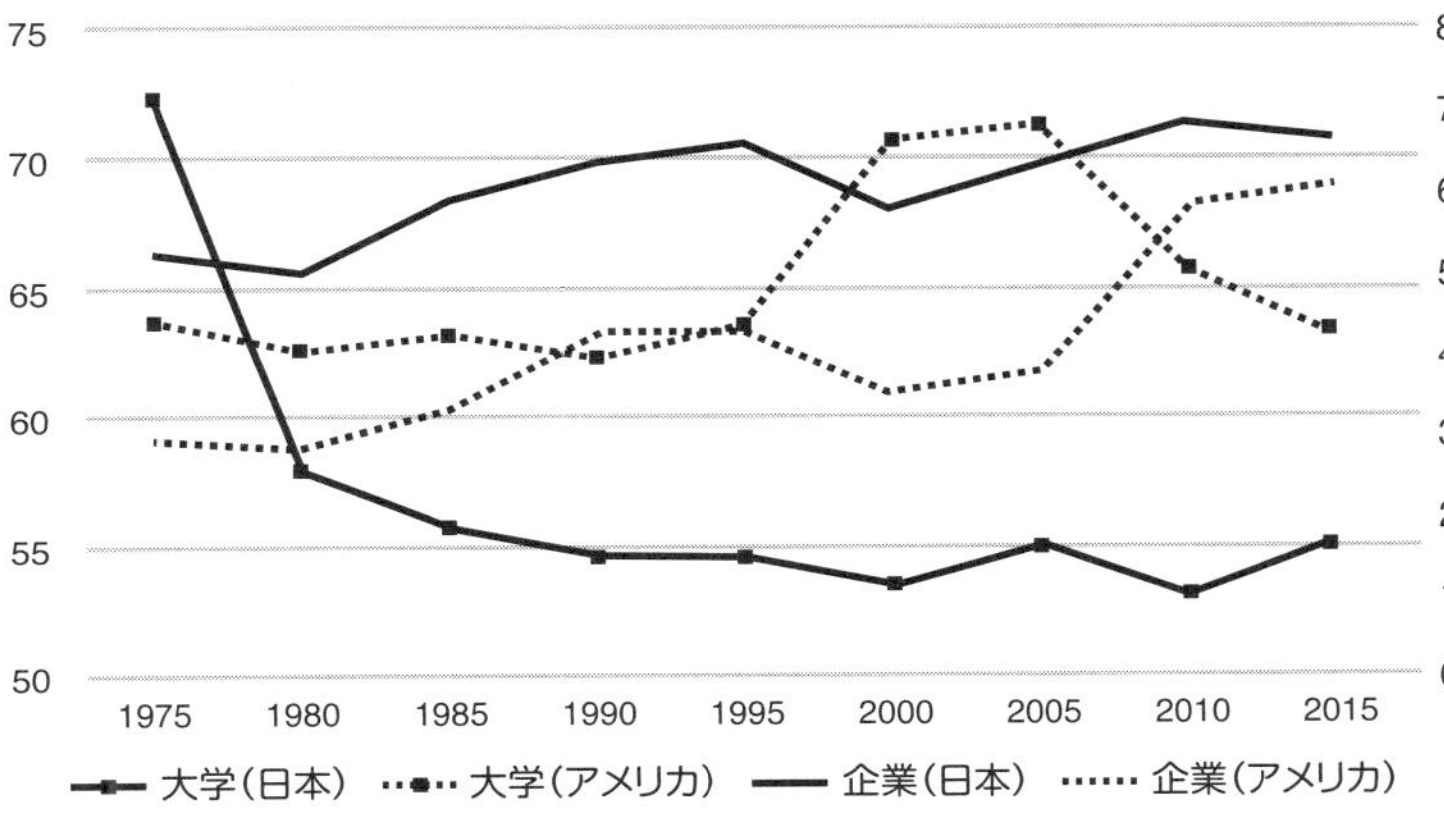

図10：企業と大学の基礎研究の割合の推移（単位％）
出所：科学技術指標、Science and Engineering Indicators

1軸）。日本では大学が基礎研究を減らしている代わりに、企業がそれを負担している姿がうかがえます。

先にも触れた通り、アメリカではＤＡＲＰＡをはじめ、国防総省の予算が基礎的な研究の資金源となっています。二〇一五年においてアメリカの国が支出する研究費のおよそ半分（四八％）が国防総省のものです[7]。インターネットやＧＰＳ、あるいは集積回路やレーザーなど、現在の大きなビジネスの基盤となっている技術が国防予算から生み出されてきました。アメリカ社会では、イノベーションの野生化が進み、企業家たちが手近な果実をもぎ始めたとしても、幹の太い技術を育む社会的な仕組みがあるのです。ある意味、イノベーションのコストを社会全体で負担しているとも言えます。

しかし、戦後の日本にはそのような国防予算はありません。しかも国全体の研究開発費のうち、国が支出する割合は二〇%を切っており、国際的に見ても極めて低い水準です。だからと言って、日本も国防の研究開発をしろと言いたいわけではありません。イノベーションのコスト負担の在り方は、その国の歴史や国民の価値観、経済システムなどによって異なってくるのは当然です。ここで筆者が言いたいのは、このような社会の違いを理解せずに、表面的にアメリカを真似して社会の流動性を高めてしまうのは危険だということです。

イノベーションのコストの多くを企業が負担してきた日本で、イノベーションの野生化が進んでしまうと、きっと困ったことが起こるでしょう。つまり、企業はせっせと手近な果実だけをもぎ始める一方、かわりに基礎研究を行う組織はないという事態になるはずです。そうなれば、イノベーションのタネが全くない国になってしまいかねないでしょう。

イソップの童話に『ガチョウと黄金の卵』という話があります。ある朝、貧しい農夫は、自分が飼っていたガチョウが金の卵を産むことに気が付きました。農夫はそれを売ってお金持ちになり、とても喜びました。しかし、そのガチョウは金の卵を一日に一個しか産まないので、物足りなくなってきました。そこで、ガチョウの腹の中には金が詰まっているに違いないと考えた農夫は、大きな金塊を求めてガチョウの腹を切り裂いてしまったのです。もちろん、金塊はなく、ガチョウは死んでしまいました。

このように、短絡的な視点での安易な制度改革は、利益の源泉である汎用性の高い技術を生み出す「ガチョウ」を殺してしまう結果になるかもしれません。そもそもゴードンやコーエンが警鐘を鳴らしているのは、アメリカ型社会でも汎用性の高い技術を育てていくことができなくなっているのではないかという点です。これについては今後実証的に分析していかないといけませんが、いずれにせよ、安易に流行に飛びついて制度改革をしてしまうと、取り返しのつかない失敗になるかもしれません。「みんなやっていたから」とか「当時はそれが良いと思っていた」と言い訳しても後の祭りです。イソップ童話はそのことを教えてくれています。

「破壊によるコスト」を誰が負担するのか

先にも触れたように、イノベーションのコストは、研究開発にかかるだけではありません。イノベーションによって「破壊される側」のコストもあります。研究開発にかかるコストと比べると、むしろこちらの方がはるかに重大なはずです。

破壊される側というのは、イノベーションによって代替されてしまう（あるいは代替される可能性が高くなってしまう）仕事に従事している人々です。職を失ったり、賃金が低下したりする人々（あるいはそれが見込まれる人々）のために、セーフティー・ネットを用意しなくてはなりません。このコストも国によって負担の在り方が異なっています。

前述のように、アメリカは、企業がレイオフや整理解雇などで不採算事業や遊休資産となった人員の整理を行いやすい社会を構築してきました。その結果、企業は遊休資産を社内に抱えることなく、新しいビジネスへと転換していきます。だからこそ、加齢しても収益性を高く保てる企業が多いのです。

その一方で、日本は、企業が整理解雇を簡単には行うことができないような社会をつくってきました。日本は判例上、労働者に対する保護が強いのです。そのため、企業は、遊休資産となってしまった人員も社内に抱えながら新しいビジネスをしていきます。いつまでも高い収益性を保っていられるビジネスはそうはありません。いつかは不採算事業になってしまいます。しかし、その整理に時間がかかるからこそ、日本企業は加齢の影響を大きく受け、収益性が低下していってしまうのです。

もちろん、見方を変えれば、これは決して悪いことばかりではありません。日本では、企業がそのような人員を解雇せず、配置転換などを通じて再活用してくれるので、失業率は先進国の中でも低い水準で推移してきました。その一方で、アメリカでは、企業が長期的にそれほど多くの遊休資産を抱えることはないため、失業率は日本よりも高い水準で推移してきたのです。一九九〇年代の後半に一時的に日本の失業率がアメリカを超えましたが、それでも日本の失業率は先進国の中でも際立って低い水準で推移してきました。

失業率が高まると、それを支える社会的なコストは大きくなります。失業保険や職業訓練などにかかる費用だけではありません。高い失業率が続くと、犯罪も増えてしまうかもしれません。所得が減少して、消費の水準は低くなるでしょう。これらのコストは、国民が税金という形で広く負担しています。

アメリカでは、イノベーションによって破壊され、生産性が低くなってしまったビジネスの整理をしやすくすることによって、企業がこのコストを負担しなくても良いような社会をつくってきたのです。その分、国民が社会的なコストを負担してきたのです。その反対に、日本では企業がこの社会的なコストをかなり負担しているわけです。

東洋紡の自己変革

本章の最後に、日本企業が社会的コストを負担してきた典型的なケースを見てみましょう。一八八二年に創業した東洋紡は、日本で最初の本格的な紡績会社として産業をリードしてきた名門企業です。[8] 紡績は日本の経済成長を牽引してきた産業ですから、日本の製造業のこれからを考える上でも参考になるケースでしょう。

紡績業は戦前の日本の基盤産業であり、高度経済成長期にもリーディング産業の一つとして経済成長を引っ張ってきました。しかし、一九七〇年代中頃から一九八〇年代にかけて、円高などを背景にして、韓国や中国などの企業が急速に追い上げてきました。その結果、利益率は徐々に低下していったのです。コモディティ化した製品では高い収益性が見込めません。より高い収益性が見込まれるビジネスに転換していくことが必要だと考えられていました。

そこで、日本の紡績企業は、新規事業への投資を進めたのです。最初は、天然繊維から合成繊維への転換でした。東洋紡も、レーヨンやアクリル、ポリエステルなどの合成繊維のビジネスを手がけていきました。しかし、それだけでは十分ではありません。より高い収益性が見込まれるビジネスに投資をしていきました。そこでは、衣料用以外の繊維事業を拡大することや、繊維以外の新しいビジネスへの展開がポイントでした。一九九〇年代に入ってからも新しい領域へ進出する努力は続き、業績にかかわらず年間およそ一〇〇億円の研究開発投資を行っていました。

高い収益性が見込まれる事業への投資とともに、東洋紡のトップ・マネジメントが力を注がなければならなかったのは、それまでのビジネスの中心であった天然繊維事業に投下されてきた経営資源の再配置でした。より具体的には、主力工場の生産能力の縮小や閉鎖でした。収益性の低いビジネスに多くの経営資源を割いていては、高い収益性が見込まれるビジネスを展開したとしても、企業全体の収益性は上がりません。当然、労働の生産性も上がりません。東洋紡の労使は、改革の必要性については認識が一致していました。長い時間をかけて、脱繊維の構造改革を進めてきました。三万人以上いた従業員も、連結でみると約一万名、単体で見ると三〇〇〇名程度になるまで削減しました。

そのプロセスで、東洋紡は単に従業員を削減するだけではありませんでした。従業員の雇用確保や工場跡地の利用者の探索を進めたのです。従業員や地域住民の理解を取り付けながら、改革をしていったのです。長い時間をかけて地道に努力を積み重ねていった結果、主力工場の一つであった長野県大町工場の閉鎖のときには、商店街には「ありがとう東洋紡」というステッカーを貼った店舗がならんだと言います。こうして、東洋紡は収益性の高い企業へと生まれ変わっていったのです。まさに、日本の製造業の自己変革の一つのモデルとなるようなケースです。

しかし、日本企業の自己変革のプロセスには長い時間がかかります。東洋紡の場合には、一九八五年に、それまでの路線とは異なる事業の取捨選択を前提とするビジョンを出していました。そこから考えると、一通りの事業転換を終えるまでに二〇年以上かかっているのです。その間に、海外のライバル企業は素早く不採算事業を切り離し、より高い収益性が見込まれる事業へと経営資源を移していっていたのです。

　東洋紡のケースは、働く人や地域社会を大切に考えてきた日本では、事業転換のモデルとなるものです。しかし、グローバル経済の下では、日本企業は海外の企業とも競争しなければなりません。事業転換に伴うコストをどこまで企業が負担するべきかという問題は、もはやそれぞれの企業が考えれば済む問題ではなくなりつつあります。これからの日本の社会全体の仕組みをどう設計していくのか、国家レベルで検討していく必要があるでしょう。

第十章　格差はイノベーションの結果なのか

前章では、イノベーションの野生化が進むと「手近な果実」をもぎ始めてしまうこと、そしてイノベーションに伴うコスト負担という二つの問題について考えてきました。ここではもう一つの重要なコストである格差について考えていきましょう。二〇〇〇年代に入り、所得格差の拡大が多く指摘されてきました。これまで格差の問題はイノベーションとはやや切り離して考えられることが多かったのですが、最近では、格差の原因がイノベーションではないかと議論され始めているのです。慎重に考えていきましょう。

ピケティの問い

格差について、世界的に大きな関心を集めたきっかけは、パリ・スクール・オブ・エコノミックスのトマ・ピケティが著した『21世紀の資本』でしょう。[1]ピケティは高額所得者の所得の分布の推移を分析し、一九八〇年代以降、アメリカやイギリス、カナダ、オーストラリアなどで高所得者に所得が集中する割合が高まっていることを示しました。この傾向は国ごとに若干の違いはあるものの、ヨーロッパやアジアの国でも見られています。

この本が世界的に大ヒットした背景には、格差が広がっているという実感があったのではないでしょうか。また、格差の原因が「資本収益率＞経済成長率」というとても分かりやすい一つの式で説明されているという明快さもありました。

これに対して、格差の原因はイノベーションにあるのではないかという見方が、特にアメリカの大学で広がっています。多くの研究者が、仕事の二極化が起こっていることを指摘しています。つまり、高スキルの職と低スキルの職に就く人が増える一方で、中程度のスキルの職が少なくなってきているというのです。実際、アメリカにおいては、中程度のスキルの職務がオフショアリングにより海外に移転されたり、ルーティン化されたりすることにより、減ってきているのです。マサチューセッツ工科大学のデイビッド・オーターらは、この二極化の原因が新しい技術にあると指摘しています[2]。中程度のスキルの仕事が、新しい技術に代替されているのです。また、同大学のアセモグルらの分析により、学歴による所得格差が拡大していることも分かっています[3]。中学卒業や高校卒業、あるいは大学卒業の人の所得はほとんど伸びていない一方で、大学院卒の人の所得だけが着実に伸びているのです。

これらは、第一章でも紹介したマサチューセッツ工科大学のブリニョルフソンとマカフィーが『機械との競争』で描いたように、人間のスキルが機械に代替されてきている結果でしょう。最も代替が進んでいるのが、中程度のスキルの仕事なのです。

アセモグルとボストン大学のレストレポは、人間のタスクを代替するような機械が登場してきたときに、経済成長にどのような影響が出るかを分析しています。[4] その際、彼らはタスクを以下の二種類に分けています。

一つ目のタスクは、技術によって代替されてしまうようなものです。例えば、工場での溶接作業などが、それに当てはまります。工業用ロボットが工場に浸透したことによって、多くの労働者が職を失いました。既存のタスクを代替するようなイノベーションが導入されると、労働者に分配される賃金や付加価値の割合（労働分配率）が低下してしまいます。

二つ目のタスクは、技術との関係が補完的なものです。例えばプログラミングなど、あるイノベーションが起こると、新たに必要となったり、その価値が高まったりするものです。

このように人間の労働を二種類のタスクに分けて分析してみると、なぜ格差が広がるのかが分かります。つまり、イノベーションには、二つの相反する効果があるのです。それは、タスクを代替することで、代替されるタスクに従事していた人の雇用や賃金を低下させる効果と、新しい補完的なタスクを創出することで、そのようなタスクに従事する人の雇用や賃金を上昇させる効果です。

ロンドン・スクール・オブ・エコノミクスのグースらは、この二極化はアメリカだけでなくイギリスでも起こっており、新しい技術に代替されるタスクに従事している人々と、補完的なタスクに従事している人々との間に、格差が広がってきていることを示しています。[5]

そして、この二極化は景気後退期に特に深刻になることも明らかになってきました。なぜなら、企業の新技術の導入や労働者の新しいスキル吸収は、景気が後退したときに典型的に起こっているからです。ペンシルバニア大学のアレクサンダー・コピトフらは、企業や労働者にとって、不況のときには新しい技術を身につけることの機会費用が低いからだと分析しています[6]。さらに、デューク大学のジャイモビッチらは、景気が悪くなる時に雇用の二極化が起こることを確認した上で、その後、景気が良くなったとしても、イノベーションにより代替された雇用は元には戻っていないことを明らかにしています[7]。

役に立たない自己責任論

これらの分析が示唆しているのは、格差の拡大の原因の一つ（しかもかなり重大な原因）は、イノベーションにありそうだということです。

そうであれば、今後も格差拡大を抑制しながら持続的に経済を成長させていくためには、イノベーションに代替されてしまったタスクに従事していた人々をいかに他のタスクに移りやすくするか、そして技術との関係が補完的なタスクに従事する人をいかに増やしていくか、の二点がとても大切なポイントになります。

これに対して、「イノベーションによって代替されてしまい職を失ったり、賃金が低くなってしまったりした人は、自分が怠けたつけがまわってきているだけだ」という意見もあります。いわゆる自己責任論です。障害や病気なら仕方がないが、自分の能力をアップデートしていくことを怠ったのだから、その責任は本人にある、というわけです。

機会の平等が担保された上で、技術変化がほとんどないか、そのスピードがとても遅いか、あるいはどのような変化があるのか予見可能性が高い場合には、ある程度、自己責任という議論も成り立つかもしれません。そのような場合にも個人の責任が一切問われないならば、モラル・ハザードが起きてしまう可能性もあります。

しかし、イノベーションが野生化していくような状況では、安易な自己責任論は、うまく社会を機能させる役に立ちません。イノベーションが野生化していくと、思ってもいないような変化が非常に速いスピードでやってきます。自分がしている仕事がいつ、どのような形で陳腐化してしまうのか、なかなか予想できません。このような状況では、イノベーションによって代替されてしまった責任を個人に帰するのは適切ではありません。

また、自己責任論が社会に蔓延してしまうと、人々は汎用性が高いと考えられる（つぶしがきくだろうと考えられる）スキルばかりを身につけようとするでしょう。汎用性の高いスキルを身につけることはとても大切ですが、それだけだとなかなか新規性のある取り組みにはつながりません。あるタスクにしっかりコミットしたスキルを持つ人が、社会には必要なのです。しかし、あるタスクにコミットすればするほど、それを代替するようなイノベーションが起こった時には大きな影響を受けてしまいます。ここに野生化のジレンマがあります。

だからこそ、イノベーションの野生化が進む中では、自己責任を問うのではなく、むしろタスクの変化に伴うコストを国民全体で広く負担し、新しいチャレンジを促進するようなスキル教育やサポートを拡大していくことが大切です。

日本での低所得化

ピケティらの分析では、日本も世界的な傾向と同じように富裕層への富の集中が緩やかに見られます。しかし、丁寧にデータを分析してみると、実際には日本は世界的な傾向とはやや違う動きをしていることが分かります。

この分析を進めているのが、一橋大学経済研究所の森口千晶さんです(8)。世界的にも高く評価されている経済史家です。森口さんの分析によれば、まず日本は戦前には高額所得者への所得の集中が極めて高い格差社会であったのに対して、戦後、その格差は小さくなり、そのまま安定していったことが分かっています。「一億総中流社会」の様相が強くなったのは戦後の話です。

さらに、ここからが重要です。多くの国で高額所得者への富の集中が起こっている一方で、日本ではその傾向はそれほど顕著ではないのです。特に、トップ〇・一％の高額所得者への所得の集中度を見ると、アメリカなどでは一九八〇年代以降に高まっているのに対して、日本ではそれは見られません。日本のトップ〇・一％の高額所得者への富の集中は戦後一貫して二％程度で推移しているのに対して、アメリカの場合は、日本と同じ二％程度であったものが、一九八〇年代から上昇し、八％台にまでなっているのです。

しかし、一九九〇年代以降、日本でも格差が広がっているという指摘がたびたびなされています。なぜでしょう。じつは日本では、ピケティが示したような高額所得者への富の集中が起こったのではなく、むしろ低所得層のさらなる低所得化が進行していったのです。この点が国際的に見ても特徴的であると森口さんは指摘しています。

なぜ日本では低所得化が進んだのでしょう。これにはいろいろな要因が複雑に絡んでいるので、慎重に考えていく必要があります。

例えば、低所得化の証左としてよく取り上げられる数字は、一世帯あたりの所得です。戦後安定的に増加してきた一世帯あたりの平均所得は、一九九五年には六五九万円になりました。しかし、それが、二〇一〇年には五三八万円になっているのです(9)。確かに、貧しくなっているように見えます。

しかし、世帯あたりの所得の減少は、単純に世帯数が増えていることを反映しているのかもしれません。親子三人が一緒に暮らす世帯を例に考えてみましょう。それまで学生だった子どもが就職しても、落ち着くまではしばらく一緒に暮らしていたとします。子どもの年収が三〇〇万円で、親の年収が七〇〇万円であったとすれば、この世帯の年収は一〇〇〇万円になります。ここで子どもが、社会人生活が落ち着いてきたので、親元を離れて独立したらどうなるでしょうか。世帯の数は一から二に増えて、世帯の年収の平均は五〇〇万円に下がるのです。子どもと親の所得に変化がなかったとしても、世帯数が増加し、世帯における稼ぎ手の数が減ると、一世帯あたりの所得は減るのです。

子どもが親から独立して自分の世帯を築くということは、社会が豊かであるからこそできることです。実際に、日本の世帯数は増加し、一世帯あたりの人数も減少しています。一世帯あたりの所得が減ってきているということだけを見て、日本は貧しくなってきているとは結論付けられないのです。これは、大阪大学の大竹文雄さんが分かりやすく指摘しています[10]。

さらに、格差の広がりは、人口の高齢化とも無関係ではありません。一般的には、所得の差は歳をとるごとに増えていきます。大学を卒業したばかりでは、友人とそれほど大きな所得の差はないでしょう。しかし、一〇年、二〇年、三〇年と時間が経過していく中で、その人の能力や働いている会社や産業の状況によって、徐々に差が大きくなってくるものです。人口構成が少子高齢化するにつれて、格差が開いてくるのは当然とも言えるのです。

このように日本の格差拡大と低所得化は、複合的な要因が重なって起きています。しかし、それらを勘案したとしても、日本ではピケティが示したような高額所得者への富の集中が起こっているのではなく、低所得層のさらなる低所得化が進行しているのは間違いないようです。例えば、日本の相対的貧困率を年齢別に見ると、一九八五年から男女ともほぼ全ての年齢層で上昇しています[11]。特に二〇〇〇年代に入ってからは、若年層で顕著な上昇が見られます。

なぜ、貧困層が増えてきたのでしょうか。これは、非正規労働や派遣労働が増えてきたことが大きく関係していると言われています（非正規労働と派遣労働は、厳密には異なるものですが、一般的にはまとめられて議論されています）。慶應義塾大学の石井加代子さんらは、非正規労働で貧困層が多くなっていることを指摘しています。彼女らの「日本家計パネル調査」を使った分析では、世帯主が非正規労働に就いている世帯が、貧困世帯全体の五四％を占めていたことが分かっています[12]。森口さんも、これまで標準的だった「男性が正規雇用として働き、女性が専業主婦」という世帯が成立する範囲が小さくなり、非正規の職業に就く人が多くなった結果として、低所得化が進んだと指摘しています。

日本的経営を守った結果としての格差なのか

なぜ日本は国際的なパターンと違う傾向になっているのでしょう。そもそも、なぜ非正規雇用や派遣労働が拡大してきたのでしょうか。

非正規雇用や派遣労働が増えた理由として、働く女性が増えてきたということはしばしば指摘されています。たしかに、出産や育児などを経て女性が職場に復帰する際に、時間的な柔軟性がある非正規雇用を選ぶということはあるでしょう。さらに、時間的な柔軟性がある働き方を求める人も増えてきたのかもしれません。しかし、それら労働者側の変化だけでは、非正規雇用の増加の大部分は説明できないのです[13]。

より大きな要因となっているのは、むしろ企業側の変化です。企業は社員にこれまでのような賞与や退職金などの給付や職務の充実を提供できる余裕がなくなってくると、人員の補充時に正規労働者ではなく、派遣労働者を採用していったのです。厚生労働省は、実態を把握するため、企業に対し、有期労働契約に関する調査を行っています。「平成二三年有期労働契約に関する実態調査」を見てみましょう。なぜ有期契約労働者を雇用しているのかについての理由として最も多いのは、「業務量の中長期的な変動に対応するため」で、四七・七%の企業がそう答えています。それに、「人件費（賃金、福利厚生等）を低く抑えるため」「業務量の急激な変動に際して雇用調整ができるようにするため」が続きます。

実際に、企業が雇用の調整弁として非正規雇用や派遣労働を使っている側面が明らかになったのが、二〇〇八年のリーマン・ショックの時です。二〇〇八年からは非正規雇用全体が減っています。これは、リーマン・ショックにおいて必要になった雇用調整を、企業が非正規労働の雇い止めで行った結果です。

こうして見てみると、日本での格差の広がりは、イノベーションの結果として仕事の二極化が進んだというよりも、「日本的経営」と言われるこれまでのやり方を守ろうとするために、非正規雇用を導入してきた結果だと言えそうです(14)。

一九九〇年代後半から二〇〇〇年代にかけて、一部の経営者から「長期的な雇用慣行を特徴とする日本的経営を守るべき」という力強い声が聞こえてきました。短期的な収益よりも、雇用を守り、これまで強みを発揮してきた日本的経営を持続させることが重要であるという主張です(15)。また日本の経営学者の間でも、日本的経営を守るべきなのか、それとも時代に合わせて変えていくべきなのかという論争が盛んになされていました。しかし、結局アカデミックな結論が出されることはありませんでした。そもそも「べき」論なので、なかなか議論が嚙み合わず、実証的な議論の上で決着をつけることが難しかったのです。

ただ、議論上はともかく、行動上の決着は明らかでした。データから見る限り、ビジネス界で実際に起こっていたのは、既存の正規社員の雇用はできるだけ守りつつ、その調整を非正規雇用や派遣労働で行うことだったのです。

また最近になって、非正規雇用は企業にとって雇用の調整弁であるだけでなく、さらに都合の良い雇用形態になっていることを示す分析が出てきています[16]。非正規労働者が社内においてなくてはならない基幹的な労働を担うようになってきているというのです。以前は、パートやアルバイトといった非正規労働者は、基幹業務ではなく、より単純化された周辺業務を行うことがほとんどでした。しかし、正規労働者と同じような裁量を与えられて、同じような仕事に従事している非正規労働者が出てきているのです[17]。仕事面ではほとんど変わらない基幹的な仕事をしているにもかかわらず、両者には給与などの処遇面で大きな差があります。教育水準、あるいは職種などの属性をコントロールしたとしても、有期雇用の契約社員の場合は、男性でおおよそ一五〜二〇％程度、女性の場合は一〇〜三〇％程度給与が低いことが分かっています[18]。もちろん、非正規雇用が職業スキルの習得機会になったり、正規雇用へのスクリーニング（選別）の機会になっている場合もあるので、一概に非正規雇用を悪と決めつけることはできませんが[19]、それでも「企業側の都合」によって公正とは言えない処遇を受けている非正規労働者が多くいることは否めないでしょう。

慶應義塾大学の鶴光太郎さんは、このような不合理な所得上の格差は、非正規雇用であるという理由で生まれる「象徴」的な処遇の差だと捉えています。日本企業が日本的経営を守る（実際には、その一部の構成要素である正規雇用を守る）ために導入を進めた非正規労働ですが、今では彼・彼女らに支えられていないと社内の仕事が回らないようになってきているのです。

日本の格差は、イノベーションによって正規雇用が破壊されないように、「日本的経営」が適用される範囲を縮小した結果という可能性がありそうです。この点は、今後、精緻な実証研究が必要なところです。

固定化しつつある格差

さらに筆者が懸念しているのは、この格差が固定化してしまうのではないかという点です。格差の固定化は、これまで世代間移動という点から考えられてきました。世代間移動とは、簡単に言えば、親と子の就く職業の変化です。親の職業と同じ職業に就く子どもが多ければ、世代間移動は少ないということになります。もちろん、親と同じ職業を好んで選択する子どももいるでしょう。しかし、社会全体で見て、もしも世代間移動が少ない場合には、それは機会の平等が損なわれている可能性が高く、「閉じられた社会」になっていると考えられます。

世代間移動が少なくなると、社会的な適材適所が達成されなくなり、イノベーションにとっても負の影響が懸念されます。例えば、能力がそれほど高くないのに、たまたま所得の高い両親の元に生まれた人が、両親からの職業を受け継ぎ、高い生産性を求められる職業に就いてしまうかもしれません。さらに深刻なのは、たまたま所得の低い家庭に生まれた子どもが、その後、能力を発揮する機会すら与えられなくなってしまうことです。それは社会全体の生産性を下げてしまいます。

戦後の日本は、どのぐらい開かれた社会だったのでしょうか。世代間の移動を体系的に調べるのは大変なのですが、日本の社会学者たちは、一九五五年から一〇年毎に「社会階層と社会移動全国調査」を実施して、世代間移動も調べています。調査の結果を見てみましょう。ポイントをまとめると以下の三点になります。

　第一に、日本の移動率は一九五〇年代後半から上昇し、一九七〇年代以降安定して推移しているということです。一九五五年の日本の全体の移動率は、五〇％にも満たないものでした。しかし、一九六〇年代から一九七〇年代にかけて、移動率は七〇％程度まで急激に高まっていったのです。もちろん、これは、高度経済成長の背景にあった農業から工業への就業人口の変化を表しているものです。農業就労者が工場労働者になり、さらには都市部でのホワイトカラーの就業機会が増えてきたため、世代間移動が高まったのです。このプロセスにおいて、日本はより開かれた社会に変わっていったのです。

　第二に、一九六〇年代以降の日本の移動率は国際的な水準と比べても決して低くなく、むしろ高い水準にあるということです[20]。意外なことに、一般的に開かれた社会というイメージがあるアメリカと比べても、日本は高い移動率なのです。具体的に見ていくと、一九七〇年代半ばには、日本の移動率はアメリカと同じ程度になっています。その後、一九九〇年代から二〇〇〇年代にかけてアメリカの移動率は低下していった一方で、日本では低下は見られていません。そのため、アメリカと比べると、むしろ日本の方が移動率が高くなりました。これは、アメリカ社会がイメージほどは開かれていないという事実が垣間見えているとも言えます。

　ジョセフ・スティグリッツは、アメリカでは富裕層に有利な政策がとられていることが格差を生んでいると指摘しています。例えば、子どもの教育の程度やその後に獲得する所得の程度は、その親の所得や教育水準に大きく依存しますが、その程度がアメリカでは他の先進国よりも高いのです。なお、イギリスなどの欧米諸国と比較しても、日本は決して閉ざされた国ではなく、むしろ安定的に開かれた社会であったということが分かっています。[21]まさに日本は開かれた社会の中で成長を遂げてきたのです。

第三に、貧困層が拡大してきた一九九〇年代以降も、日本全体で見たときには、世代間の閉鎖性が高まっているわけではないということです。二〇一五年までの「社会階層と社会移動全国調査」では、日本の移動率が顕著に低下していることを示すデータはありません。[22]

しかし、日本でも閉鎖性が高まりつつある予兆は現れ始めています。例えば、東京大学の石田浩さんらは、一九九〇年代後半から、男性が上層ホワイト管理職へ入職するかどうかは、その父親の職業が上層ホワイト管理職かどうかに、より強い影響を受けるようになったことを明らかにしています。[23]つまり、上層ホワイト管理職の男性に限れば、世代間での固定化（再生産）が強まっているのです。さらに石田さんの別の論文では、非熟練ブルーカラーの階層でも、一九九〇年代以降に世代間での固定化が見られているとしています。[24]

『大転換』と『アイ・アム・レジェンド』

これまで本書では、経営資源の流動性を高めていくと、日本でもラディカルなイノベーションが起きやすくなっていくということを論じてきました。しかし、第三部で見てきたように、流動性が高まると、いろいろな副作用があることが明らかになっています。その中でも重要なポイントの一つは、格差やその固定化です。

ここでは、格差がどのように生まれ、そしてどのような帰結に結びついていったのかを考えるために、ウィーン出身の経済人類学者カール・ポランニーの『大転換』の議論を見てみましょう。

本書で見てきたように、既得権益はイノベーションにとっては抵抗勢力の源になります。既得権益者とは、全体の効率性を犠牲にしてでも、自分が手にした利益を手放さないようにする人たちです。彼らはイノベーションへの抵抗勢力であり、社会の生産性を下げる要因となっています。なぜ既得権益が生まれてしまうのでしょうか。その主要な原因と考えられているのが、政府による規制や保護です。もちろん、多くの規制や保護は、しっかりとした理由があって定められたものです。しかし、時間の経過とともに徐々にその意義が薄れてくるものもあるでしょう。あるいは、その規制や保護を上手く利用してラクをする人も出てくるでしょう。

だから、これまでのイノベーション研究では、そのような既得権が生まれないように、規制を緩和し、保護をできるだけなくし、自由で公正な競争を促進するのが正しいと考えられてきました。これは、いわゆる新自由主義と呼ばれる市場メカニズムを中心とする考え方で、保護主義とは反対の考え方です。保護主義は、全体主義を呼び寄せて、戦争へとつながっていった歴史もありますし、新自由主義の観点からは、克服しなければならない課題ということになります。

なるほど、確かに保護主義や全体主義はあまり良くなさそうです。しかし、これに対して、ポランニーは大きく異を唱えたのです。彼は、保護主義や全体主義は、新自由主義的な考え方（当時はまだ新自由主義とは呼ばれていませんでしたが）を押し進めていった結果として生じるものであると主張したのです。

その論理は次のようなものでした。まず規制や保護をなくしていくと、自由な競争になり、その結果としてどうしても経済的な格差が開いていきます。そのとき、富裕層と貧困層を比べると、人数は後者の方が圧倒的に多くなります。このことは、民主主義では、貧困層が大票田となるということを意味しています。すると、そこに訴求するような保護主義的あるいは全体主義的な政策をかかげる政治家が現れます。そして、ブロック経済化が進み、世界大戦へと突入していったと言うのです。

このことは、野生化するイノベーションを考える上でも重要なポイントを二つ示唆しています。第一点は、既得権益者についてです。先にも触れたように、既得権益者と言うと悪いイメージがありますが、一方で、新しい技術が導入されるとそれに代替されてしまう弱者でもあるのです。第二点は、経営資源の流動性についてです。ヒト・モノ・カネといった経営資源の流動性を高めていけば、スタートアップも多くなり、既存企業の収益性も上がります。流動性を高めるためには、保護主義的な政策や規制はできるだけ取り除かれるべき対象です。しかし、それを強く求めることこそが、保護主義的あるいは全体主義的な傾向の原因になっているとポランニーは言います。つまり、イノベーションを促進するために「保護をなくせ、規制を緩和しろ」と言えば言うほど、かえって保護主義的な動きを呼び寄せ、長期的にみればイノベーションがあまり生まれない社会を引き寄せてしまう可能性があるのです。むしろそれは世界戦争という最悪の結末に結びついてしまう危険すらあるのです。

フランシス・ローレンス監督の『アイ・アム・レジェンド』という映画があります。リチャード・マシスンの小説が原作で、二〇〇七年に製作されたものです。主演はハリウッドの人気俳優のウィル・スミスだったので、見た人も多いかもしれません。いわゆるゾンビ映画で、主人公が、ウイルスに感染してゾンビになった人類と戦いながら、治療薬を開発するというストーリーです。

この映画には、実は二つのエンディングがあります。公開前に専門家や一般の人を招いて行った試写会で、エンディングの評判が悪かったため、急遽エンディングだけ差し替えたのです。この別エンディングは、DVDやインターネットの視聴サービスで見られますので、ぜひ見てみてください。

別エンディングでは、主人公が治療してやろうとしていたゾンビは、実は愛情や知性がある存在であることが分かります。主人公に襲いかかってきていたのは、彼が治療薬を開発するためにゾンビを捕獲し、実験を繰り返していたからなのです。『大転換』と『アイ・アム・レジェンド』（の別エンディング）が示唆しているのは、「より良い世界にするために問題を克服しよう」と考えている当の本人が、実はその問題を作り出していることがあるということです。

終章　野生化にどう向き合うか

この本のメッセージを煎じ詰めて一文で言うとすれば（なかなか一文で言うのは難しいのですが、あえて言えば）、「ヒト・モノ・カネといった経営資源の流動性が上がっていくと、イノベーションの破壊的な側面が強くなる（野生化が進む）」です。

これからの人の働き方や、お金や情報の流れ、そして技術革新の進歩を考えると、いくら日本人がこれらの経営資源の流動化を止めようと思っても、もはや止めることはできないでしょう。望むと望まざるとにかかわらず、イノベーションはますます野生化していくことを覚悟しなければなりません。イノベーションを社内で飼いならそうとすることは、もっと難しくなっていきます。イノベーションに伴う社会的なコストも増えていくでしょう。

本書の最後に、われわれは野生化が進むイノベーションとどのように向き合っていけば良いのかを考えてみましょう。

国としての向き合い方

国としては、このような変化にどのように対応していけば良いのでしょうか。まず、イノベーションについての国の役割というと、真っ先に規制緩和を思い浮かべる人も多いかもしれません。しかし、イノベーションのために何でもかんでも規制緩和をすれば良いというわけではありません。良いビジネス・チャンスがあったとしても、負の外部性があるビジネスもあります。ビジネスをすることによって生み出される社会的な費用（例えば排気ガスによる健康被害など）を、そのビジネスを行う企業（あるいはその財を購入する消費者）が直接は負担しない場合です。政府としては、このようなビジネスは規制をしなければなりません。これはわざわざ指摘するまでもないような政府の役割の基本中の基本です。

もう一つ基本的なことで言えば、教育の機会をしっかりと開いて世代間移動の水準を維持すること、そして女性の社会進出を促進するという点も重要です。特に後者について見落とされがちなのは、共働き社会の方が、新しいチャレンジに踏み出しやすいという点です。新しいチャレンジをしたいとしても、家計を支えているのが自分一人だと、躊躇する人も多いでしょう。家のローンや子どもの教育費、自分たちの老後の蓄えが気にかかったりするからです。しかし共稼ぎであれば、「二～三年ぐらいは大丈夫だから、がんばってみたら」とパートナーが背中を押してくれるかもしれません（もちろん、パートナーによりますが）。女性の社会進出という点から言えば、日本はまだまだ伸びしろがあります。

それらの基本を押さえた上で、政府がやるべきことは、野生化するイノベーションの「習性」

をしっかり理解して、経営資源の流動化を進めると同時に、それが伴う破壊にもしっかり手当てをしていくことです。具体的には、次の三つがとても大切になるでしょう。

一つ目は、イノベーションのタネづくりです。経営資源の流動性を高めていけば、イノベーションは活性化していくはずです。しかし同時に、人々は手近な果実をもぎ始めるようになるでしょう。それを放置していたら、いずれたくさんの果実をつける幹の太い基盤技術が生まれなくなってしまいます。アメリカが経営資源の流動性を高めてもやってこられたのは、莫大な国防予算によって基礎研究を支えてきたからであることを忘れてはいけません。日本ではこのような予算がほぼありません。それはある意味で幸せなことかもしれませんが、代わりにどこかが基礎研究を支える必要があります。企業が引き受けにくいような不確実性が高い研究開発を担う機能があるのは大学です。しかし、日本では、その頼みの綱である大学は、基礎研究の割合をどんどん減らしています。このような状況下で経営資源の流動性が高まると、イノベーションのタネが何もない国になってしまいます。サセックス大学のマッツカートが『企業家としての国家』で指摘しているように、政府にしかできない基盤的な投資を積極的にしていく舵取りが必要でしょう。(1)

二つ目は、イノベーションによって代替されてしまったタスクに従事していた人々へのケアです。ラディカルなイノベーションが多くなると、当然、破壊される側も出てきます。破壊され、職業を失った人のセーフティー・ネットを考える必要があります。これまでの日本では、これを企業が負担して来ました。だからこそ、日本の失業率は、先進国と比べても低い水準で推移していたのです。しかし、解雇などによる雇用調整をできるだけ避けてきたため、企業は余剰人員を抱えがちになり、そのために収益性も下がっていきました。これは、本来は国が負担するべきコストを、企業に肩代わりさせてきたとも言えます。この負担をいつまでも企業任せにしていては、日本企業の競争力は落ちていく一方でしょう。ただ、国によるセーフティー・ネットの水準を高めすぎると、モラル・ハザードの問題が起こることには注意が必要です。制度設計の方向性は、人々をイノベーションに代替された古いタスクにしがみつかせるのではなく、新しいタスクへ向かわせるものでなくてはなりません。難しい舵取りですが、この点こそが、野生化するイノベーションに国が向かい合う時の大切なポイントになるはずです。

三つ目は、イノベーションとの関係が補完的なタスクに従事できる人をいかに増やしていくかを考えることです。イノベーションとの関係が代替的になるであろうタスクにつく人を増やしてしまうと、社会的な負担が大きくなってしまいます。その点から言えば、大学改革が「職業実践力」の育成という名目のもとに、ある会計ソフトの使い方を学んだり、現在、企業で導入されている生産設備の使い方を学んだりという方向に進んでいることに危惧を覚えます。そのような教育のやり方では、その会計ソフトや生産設備がイノベーションによって陳腐化したときにつぶしが効きません。これでは、イノベーションにすぐに代替されてしまう人材を国ぐるみで創り出すようなものです。「補完的なタスクに従事できる人」とはどのようなスキルをもった人なのか、どうすればそのような人材を増やすことができるのか、真剣に考え直す必要があります。

アメリカが経営資源の流動性を高めてもやってこられたのは、莫大な国防予算によって基礎研究を支えてきたことや、イノベーションに代替されてしまった従業員を社内に抱える必要がないような仕組みにしてきたことによります。しかし、その一方で、格差や失業率の高まりなどの社会的なコストが発生していることを忘れてはいけません。これらを無視して表面的にアメリカの真似をし、経営資源の流動性を高めてイノベーションを野生化させていくとすれば、日本はあっという間にイノベーションのタネがなくなり、格差が広がってしまうでしょう。最悪のシナリオは、ポランニーが『大転換』で描いたように、イノベーションに代替された人たちの支持を集める政治家が登場し、保護主義、全体主義を経て、戦争へとつながってしまうことです。イノベーションの長所ばかりを都合よく喧伝《けんでん》し、イノベーションのコストを無視するような政策は危険です。国としては、野生化するイノベーションに内在するジレンマの本質と、そのコストをよく理解した上で、慎重に改革を進めていく必要があります。

組織としての向き合い方

流動性が高まると、イノベーションを社内に閉じ込めておくことは難しくなります。良いチャンスを見出した人は、どんどん出て行ってしまいます。優秀な人が去っていくのは、その組織にとっては痛手です。第九章で見たように、既存のプロジェクトの生産性が下がってしまいます。だからこそ、優秀な人材に選んでもらえるような組織づくりこそが大切になります。それでは、優秀な人たちはどういう組織を選ぶのでしょう。

最初のポイントは、ビジネスとして基本的なものです。それは、そのビジネスが本当に将来高い収益性が期待できるものなのかという点です。将来大きな展開が期待できないと考えられてしまうと、誰も来てくれなくなります。そのためには、企業は高い収益性が見込まれるビジネスにきちんと経営資源を移していくことが重要になります。

「そうは言っても、これまでの蓄積もあるから……」という声がたくさん聞こえてきそうですが、サンクコスト（埋没費用）よりも、機会損失を考えると、実は全然もったいないのです。これまで積み重ねてきたビジネスとの「共喰い（カニバリゼーション）」を恐れて、収益性の低いビジネスを続けるよりも、より高い生産性が見込まれる領域に経営資源をシフトさせる方が合理的です。この点は、イエール大学の伊神満さんが明快に説明してくれています[2]。

序章で紹介したサミュエル・スレーターのような人物が出てきたとしても、引き留め策を講じたり、裏切り者と罵ったりする暇があったら、彼・彼女らよりも一歩先をいくビジネスに投資をしていくことが大切です。

もっとも、今の時代、高い収益性が期待できるといった経済的な側面だけでは、優秀な人を魅了することはできません。「やりたいことがやれるかどうか」も重要です。これが二つ目のポイントです。仕事に大きな意義を見出せれば、所得が（多少）少なくなったとしても、優秀な人は集まってきます。

アメリカやイギリスのトップ校では、マイクロソフトのエグゼクティブであったジョン・ウッドが立ち上げた「ルーム・トゥ・リード」やザ・ボディショップの創設者のアニータ・ロディックらが立ち上げた「ビッグイシュー」といったNGOやNPOを就職先として選ぶことも珍しくありません。日本でも、プラスチックの代替となる新しい素材で世界を変えようとしている「T

BM」や、タンパク質を基幹素材として持続可能な社会を創っていこうという「Spiber」などのスタートアップに、優秀な人材がいわゆる大企業から次々と集まってきています。トップ・マネジメントが考えなければならないのは、優秀な人材が流出しないようにすることや囲い込むことではなく、彼・彼女らに選ばれるような魅力的な組織づくりです。

さらに流動性が高まってくると、既存の組織に対する考え方にも変化が必要かもしれません。これまで、組織（とくに企業）は永続的な存続と繁栄を前提としてきました。しかし、流動性が高まり、イノベーションが野生化してくると、企業を永続的なものとして捉える考え方が揺らいできます。第八章の富士フイルムとコダックの例で見たように、イノベーションを既存の企業内で行う方が良いのか、市場を介して経営資源を調達し、新しい組織を創って行う方が良いのかは、まだ実証的にもよく分かっていません。

もしも既存の組織で脱成熟を行う方が効率が良いということであれば、これまで通りビジネスのポートフォリオをしっかり組むことが何より大切でしょう。第五章で紹介したサドラーズウェルズのポートフォリオは典型です。ポートフォリオをしっかりと組めば、新しいチャレンジができます。社内に収益性の高いビジネスがまだ残っているうちに、次世代のビジネスの柱になるような新規性の高い試みに挑戦することをお奨めします。

しかし、スタートアップなどの新しい組織でイノベーションを行っていく方が、社会全体にとって効率的、あるいは効果的ということであれば、既存の企業観をアップデートするとともに、それに向けた具体的な施策を打ち出していくべきでしょう。わざわざ既存企業の内部でポートフォリオを組む必要はありません。既存のビジネスが上手くいかなくなれば、できるだけ速やかにその企業を清算して、そこにある経営資源を次のビジネスで活用する方が良いということになります。それができるだけスムーズに進むように、組織と社会をデザインしていく必要があります。

個人としての向き合い方

流動性が高くなると、より多くの人が新しいビジネス・チャンスを追求しやすくなります。必要な経営資源は集めやすくなりますし、もし失敗したときも次の職場を見つけやすくなります。経験が増えていけば、それを次のチャレンジに活かしやすくなるでしょう。流動性が高まるということは、個人がより自由にビジネスをできるようになることを意味しています。大企業にいなくても、手元に大きな資本がなくても、かつてほど大きな問題ではなくなっているのです。

とは言え、スレーターのように、大きなチャンスや魅力的なチャレンジにはなかなか巡り合わないと思う人も多いかもしれません。もちろん、ボーッとしていては、なかなか出会うことはないでしょう。

ハーバード大学のハワード・スティーブンソンらは、ビジネスのチャンスは情報が偏在しているからこそ生まれると指摘しています[3]。情報へのアクセスがいくら容易になってきたとしても、情報の偏在はなかなか消えません。このことは、おなじみの顔ぶれとのいつもの付き合いを超えて、自分のネットワークの外に出てみることとの重要性を示唆しています。昔からの仲間の間では流れる情報のスピードは速く、情報の信頼性も高いものです。しかし、情報の多様性は少なくなります。[4] 心許せる友人たちといつも同じような話を繰り返すのも人生の大切な一コマですが、それだけでは新しい結びつきやビジネス・チャンスにはつながりません。月並みですが、普段は会わないような人たちがいるところに行ってみたり、あまり読まないような本を読んだりすることが重要でしょう。

もちろん、誰もがイノベーションの担い手になる必要はありません。そんなことは個人の自由ですから、自分で納得できる生き方を選択すれば良いのです。ただ、いくら自分は新しいチャレンジをしたいと思わなかったとしても、社会の方ではイノベーションの野生化がどんどん進んでいくという現実は、直視しておく必要があるでしょう。

野生化が進むと、破壊的なイノベーションも多くなります。今働いている組織の強みが陳腐化する可能性も高くなります。その組織のその事業でしか価値が出ないようなスキルだけを積み上げていくのは、非常にリスクの高い選択肢になります。

企業はビジネスのポートフォリオを組み、それに対応しようとするでしょう。しかし、そこで働く個人が、企業が組んだポートフォリオの中にどっぷり浸かり、その組織のその事業でしか価値が出ないようなスキルだけを積み上げていくのはまずいのです。汎用性の高いスキルを身につける必要があります。教育学で、コミュニケーションの技術や、目標に向かって進む力などの「非認知能力」の向上に注目が集まっているのも、スキルの陳腐化が速まっている状況と適合的です。

個人にとって、「今働いている組織でなくても十分に自分の価値を出せる」と考えられるかどうかはとても大切です。「ここでの仕事はあまり好きではないけれど、どこにも移れないからここにいる」という状態よりも、「他の組織にいつでも移れるけれど、ここでの仕事が好き」という状態の方が健康的でしょう。人生の選択肢が複数ある中で、自分が意義を感じるところにコミットすることができれば最高です。

イノベーションと言うと、それを拝金主義だと感じる人もいるでしょう。しかし、拝金主義からは、新規性の高いイノベーションは生まれません。新しいチャレンジをする初期の段階ではかなり不確実性が高く、他にもっと良く、確実なリターンが見込める投資機会があるのが普通です。拝金主義であれば、不確実性が高いところへの投資は避け、より高い収益が期待できるところに合理的に投資をしていくはずです。拝金主義的な考え方は、新規性の高いイノベーションには向かないのです。不確実性が高かったとしても、イノベーションが生み出す（であろう）社会的な意義や面白さに魅了された企業家は突き進むのです。

繰り返しになりますが、世の中の流動性の高まりは、チャレンジすることの機会費用を確実に小さくしています。もしあなたの心の中に「こんな未来を創りたい」という想いが芽生え、それを実現できそうなアイディアが頭の中に浮かんだのであれば、新しいチャレンジに踏み出さない手はないでしょう。

あとがき——イノベーションと幸福

学生から、「イノベーションっていうけれど、それって本当に私たちの幸せにつながるのですか?」という率直な質問を受けることがあります。企業の研修や講演では、さすがにここまで素直な問いはあまり聞こえてきませんが、それでも懇親会などで「清水さんの言うことは分かりましたが、そもそもイノベーションって本当に良いものなのですかね?」と聞かれたことはあります。

本書で見てきたように、このままイノベーションの野生化が進んでいくと、短期的には(もしかしたら長期的にも)貧富の格差を拡大させてしまいます。イノベーションが多くなると、必然的に破壊される仕事も多くなり、賃金が低くなったり、職業を失ったりする人も現れます。イノベーションを生み出そうとする競争の中で、疲弊する人もいるでしょう。

さらに、技術がどんどん進展していくことに不安を覚える人もいるはずです。世界で最初の動物のクローンは一八九一年につくられたウニの幼生だと言われています。そこから、カエルやコイ、ヒツジと進み、ついにサルまできました。クローン技術は、医療を大きく前進させると考えられています。ただ、いつか「医療」を超える分野にも応用されていくのではないか、あるいは「医療」の概念自体がどんどん拡張されていくのではないかという不安もあります。世界では人間のクローンをつくることを禁止する枠組みができつつありますが、それがどの程度機能するのかは分かりません。本書で見たように、野生化するイノベーションが、大きく広がっているビジネス・チャンスへ移動していくのは、止めようと思ってもなかなか止められないのです。

そのようなことを考えれば、「イノベーションって、本当に良いものなの？」と疑問に思う人がいるのも頷けます。しかし、この率直な疑問に対しては、今のところ経営学は「イノベーションは、幸せとは直接の関係がある概念ではありません」という答えしか用意できていません。

イノベーションは、「経済的な価値を生み出す新しいモノゴト」です。経済的な価値が高まったとしても、それで人々が幸せになるかどうかは分かりません。それでも、われわれの社会的な課題を解決するためには、ある程度の経済成長は必要だと思います。経済が成長して、人々が分け合えるパイが増えないと、パイの奪い合いが起きてしまいます。それを政治的に解決するのには、かなりの調整のコストがかかります。だからこそ、イノベーションは社会にとって必要不可欠なものなのです。

しかし、それでも、経済的な成長が人間の幸せに直結するわけでないのは確かです。「幸せ」という状態は、人それぞれ違います。「幸せ」という概念は、既存の経済学や経営学の枠組みではなかなか捉えにくいものです。しかし、それは経済学や経営学にとってもとても大切なことです。われわれはイノベーションのために生きているわけではありません。イノベーションはあくまでもよく生きるための手段の一つです。

＊　＊　＊

「イノベーションを歴史的に振り返ってみませんか」というお話を新潮社出版部の今泉眞一さんからいただいたことから、本書はスタートしました。

イノベーションの研究は学際性が豊かで、さまざまな領域で多くの研究が蓄積されてきています。本書は、ハウツー的なものではなく、学術的な知見に基づきながら、そのフロンティアを分かりやすくお見せできるよう、できるだけ敷居は低く、奥が深いものにと心がけて書いたつもりです。

私は、二〇一六年に『ジェネラル・パーパス・テクノロジーのイノベーション：半導体レーザーの技術進化の日米比較』（有斐閣）を書きました。これは、ロンドン・スクール・オブ・エコノミクスでの私の博士論文を改訂した上で、まとめたものです。その本では、スピンアウトがどのようにイノベーションのパターンに影響するかを分析しました。本を書くと、学術論文と比べて、研究者たちだけでなく、国の政策担当者や企業の実務家など、より広い方々からさまざまなご意見を頂けます（とはいっても研究書なので価格も敷居もやや高く、本当に幅広い方々に読んでいただけているわけではないと思いますが）。そこで、本書は、それらに対する自分なりのお返事を書くつもりで、これまでよりイノベーションについての議論の視野を広めたうえで、自分なりにもう一歩議論を進めたものにと考えて書きました。

本書は、多くの研究者のこれまでの研究に支えられています。研究は一人ではできません。コミュニティが必要です。コミュニティで良い議論がなされ、良い研究が成果として積み重ねられているのです。

私は、シカゴやロンドン、アイントホーフェン（オランダの小さな街です）で、大学院生そしてポスドクとしてイノベーションを研究してきました。常に、素晴らしい研究者や同僚に恵まれてきました。二〇〇八年に日本に戻ってきてからは、一橋大学イノベーション研究センターの同僚たちとの議論を通じて、いつも大きな刺激を受けてきました。優秀な研究者が国内外から集まり、いつもフランクに議論している、日本でも有数の素晴らしい研究センターです。

助手の小貫麻美さんはいつも多大なサポートをしてくれました。志水まどかさん、平原裕子さん、池亀奈津美さん、米元みやさんらにも迷惑をかけっぱなしですが、いつも気持ちよく仕事に集中できる環境をつくっていただきました。ありがとうございます。

大学院生の新田隆司君と上月隼人君は、本書の草稿を注意深く読んでくれました。学部のゼミの学生たちは、いつも率直な疑問を投げかけてくれます。いつもおいしいパスタを食べさせてくれる国立市のレストラン「いたりあ小僧」にも感謝しています。

本書の原稿の大部分は、一橋大学での研究生活の中で書きました。第一原稿をほぼ仕上げた二〇一九年の春から、私は新しいチャレンジをするために早稲田大学に移りましたが、一橋大学はこれからも新しい知識が生まれるコミュニティであり続けてくれると思います。

早稲田大学にも、国内外から多くの研究者が研究発表や議論をしに訪れてきます。イノベーション研究所も新しくでき、新進気鋭の研究者が切磋琢磨しています。私自身、これからどういう研究ができるのか、とても楽しみにしています。大学の事務の方々や秘書の比留間ゆきさんには、気持ちよく研究に専念できる環境をつくっていただいています。

学外でも多くの研究仲間に支えられています。なかでも、筑波大学の生稲史彦さんの一言は、本書の構想に大きなインパクトを与えてくれました。滋賀で開かれた学会の後で、生稲さんは、やや酔っ払った勢いもあって（酔っ払ってなくてもだいたいそうですが）べらんめえ口調で、「清水さん、イノベーション・マネジメントなんて言うけれど、マネジメントなんてできないよねぇ。イノベーションを管理しようなんて、おこがましい」と言ったのです。その時、私は『イノベーション・マネジメント入門』というタイトルの本の原稿を書いていたので、よく覚えています。確かに、イノベーションには管理できないところがあるし、管理しようとすると、むしろ大切な部分が失われてしまうのです。

一つ心残りなのは、私の筆が遅いせいで、本書の原稿ができる前に、執筆に誘ってくださった今泉さんが別の部署に異動されてしまったことです。その後を引き継いで、本書を現実のものとしてくれたのは、新潮社の三辺直太さんです。いつも「面白いものにしましょう」と励ましてくれました。お二人の力添えに深く感謝したいと思います。

このように多くの方々のサポートを受けて本書はできあがっています。しかし、イノベーションという現象を理解することが、知のフロンティアにあることもあり、本書には足りない点、見込み違いの点もあると思います。その責任は、すべて筆者である私にあります。

最後に、家族に感謝を捧げたいと思います。妻の靖子はいつも笑顔でサポートしてくれています。娘の希実は、私が仕事で夜遅くなったとしても、翌朝、早い時間から容赦なく「お腹すいたー」と起こしてくれます。いつも本当にありがとう。

註

はじめに

（1）メタファーとは、イメージしやすいものに例えることで物事の注目したい特定の側面に光を当て、メッセージを分かりやすく伝えるものです。ですので、野生化というメタファーで、イノベーションの全ての側面を上手く捉えられるわけではありません。それを目指してもいません。重要なのは、光を当てたいのは何なのかということです。

（2）イノベーションのタネである技術の自律的な進化については、サンタフェ研究所のブライアン・アーサーが詳しく議論しています（ARTHUR, 2009）。

序章

（1）スレーターとブラウンについては、小原（1967）が詳しくまとめているので参照してください。

（2）ヒツジにもさまざまな種類がいるので、ヒツジの原種はムフロンだけではありません。

（3）家畜化については、DIAMOND（1997）が詳しく解説しています。

（4）西成（2006）。

（5）この点については、経済史が専門のケインとホプキンズが鋭く指摘しています（CAIN & HOPKINS, 1993 a, b）。

第一章

（1）CLARK（2007）.

（2）ACEMOGLU & AUTOR（2010）.

（3）MOKYR (1985).
（4）CAMERON & NEAL (2003).
（5）DAVID (1991).
（6）CRAFTS (2005).
（7）KUZNETS (1955).
（8）この点については、米倉（1999）がとても分かりやすくまとめています。
（9）この点については、経済史が専門であったスタンフォード大学のローゼンバーグが様々な観点から詳しく説明しています（ROSENBERG, 1982)。
（10）イノベーションについての基本的な考え方やその測定については、一橋大学イノベーション研究センター（2017）が分かりやすく解説しています。

第二章

（1）LUMPKIN & DESS（1996).
（2）また、本当に志向性の問題なのか、そのような行動をとることが重要なのかを分けて考えないといけないと議論されてきました（ANDERSON *et al.*, 2015)。
（3）武石・青島・軽部（2012)。
（4）Keynes (1936), pp. 161–162（『雇用・利子および貨幣の一般理論』では159–160頁)。
（5）Keynes (1936), p. 162（『雇用・利子および貨幣の一般理論』では160頁)。
（6）AKERLOF & SHILLER (2009).
（7）BUENSTORF *et al.* (2017).
（8）詳しくは、映画の『ファウンダー ハンバーガー帝国のヒミツ（The Founder)』をご覧ください。
（9）ÅSTEBRO *et al.* (2013).

第三章

（1）MOKYR (1990).

（2）産業革命がどのように始まったのかについては、これまで多くの研究が蓄積されてきました。代表的なものとしては、MOKYR (1990)、ALLEN (2009) などを参照してください。

（3）マディソン・プロジェクトで用いられている詳しい方法論については、BOLT & VAN ZANDEN (2014) を参照してください。

（4）日本における産業革命については、石井（2012）、阿部・中村（2010）など多くの蓄積があります。

（5）ルールや制度の重要性については、これまで多くの議論がなされてきました。その代表的なものとしては、NORTH (1990) や GREIF (2006) などがあります。

（6）アメリカのジャーナリストのウィリアム・バーンスタインは、経済成長にとって不可欠であった制度として、これら三つの他に、通信手段と輸送手段の革新を挙げています (BERNSTEIN, 2004)。しかし、通信手段や輸送手段の革新それ自体がイノベーションですから、ここではこれらの三つを中心に考えていきましょう。

（7）Once Again, A MAN WITH A MISSION By George Johnson, 一一月二五日、一九九〇年。New York Times Magazine.

（8）オリンパスの内視鏡の開発については、山口・清水（2015）が詳しくその経緯を書いています。

（9）NICHOLAS & SHIMIZU (2013).

（10）CHEN *et al.* (2016).

（11）この点については、MOKYR (2017) を参照してください。

（12）これに対して、ローマ教皇のベネディクト一六世は二〇〇八年に、ガリレオを有罪にした裁判は誤りであったと謝罪しています。

（13）この点については、MOKYR (2017) を参照してください。

（14）POPPER（1963）.
（15）BASKIN & MIRANTI（1997）が詳しい。
（16）所有権を持つ経営者がいる場合などは、議決権に制限がある株式を発行して資金調達をすることで利害の対立を低減しようとすることもあります。
（17）一九九〇年代の日本で、当時の大蔵省が資本市場を改革できなかったことはその後の日本のイノベーションの水準を大きく低下させたとNORTH（2005）は指摘しています。

第四章

（1）UTTERBACK & ABERNATHY（1975）.
（2）ABERNATHY（1978）.
（3）生稲（2012）。
（4）この点については、HOUNSHELL（1983）を参照してください。
（5）ラディカルというのは、急進的なという意味です。既存のモノゴトを大きく変革するようなイノベーションのことです。累積的なイノベーションは、既存のモノゴトを大きく変えるのではなく、それを前提として、少しずつ改良を加えていくようなものです。ですので、必ずしも、プロダクト・イノベーションがラディカルなものであり、プロセスのものが累積的なものとは限りません。この点には注意が必要です。
（6）TUSHMAN & ANDERSON（1986）.
（7）CHRISTENSEN（1997）.

第五章

（1）実際の論文はMURAYAMA, NIREI & SHIMIZU（2015）を参照してください。
（2）SCHUMPETER（1942）.

第六章

（1）ここでは、情報通信への投資が経済成長に与える影響を過小評価しないように、代替ＩＣＴ価格デフレーターというものを使って調整した後の値を使っています。

（2）HAYASHI & PRESCOTT (2002). ただし、その後の研究では、林さんとプレスコットが指摘するほどまでにはイノベーションは低下していなかったのではないかという見解も出されてきています。例えば、ハーバード大学のデール・ヨルゲンソンと東京大学の本橋さんらは、ＩＴを考慮に入れるとこれほどまでにはイノベーションは下がっていないと議論しています（JORGENSON & MOTOHASHI, 2005）。

（3）三平（2005）。

（4）このような指摘の代表的なものとしてPEEK & ROSENGREN（2005）やCABALLERO, HOSHI & KASHYAP（2008）などがあります。

（5）このような研究はたくさんあるのですが、代表的なものとしてはBUSHEE（1998）があります。

（6）ALLEN（2009）.

第七章

（1）イノベーションが生み出された時期を年代別に見てみると、一九六〇年代から一九九〇年代にかけて多くなっています。二〇〇〇年代が少ないのは、この時期に生み出されたものが、まだ経済的な価値を生み出していないためでしょう。

（2）これらには、複数の国から生み出されたとされているものもあります。例えば、ＤＮＡの配列決定／ＤＮＡマイクロアレイ／ＤＮＡ配列の解読はアメリカとイギリスから生み出されています。このような国の重複があった場合には、それぞれの国を一と数えるフルカウントをしています。

（3）「冒険やリスクを取ること、刺激的な人生を送ることが大切だ」という考え方に自分が当てはまるかどうかについても、日本は六〇カ国の中で「とても当てはまる」と「当てはまる」の合計が最も低くなっています。ちなみにこの項目で高い値であった国のトップ3は、ナイジェリア、ガーナ、フィリピンでした。

（4）本川裕「日本人は「創造性」「挑戦心」が弱いという国際調査は本当か」ダイヤモンド・オンライン。

（5）この調査結果については、二〇一二年のものは http://www.adobe.com/aboutadobe/pressroom/pdfs/Adobe_State_of_Create_Global_Benchmark_Study.pdf を参照してください。二〇一六年のものは、http://www.adobe.com/content/dam/acom/en/max/pdfs/AdobeStateofCreate_2016_Report_Final.pdf を参照してください。

（6）詳しくは、高野（2008）を参照してください。

（7）高野・纓坂（1997）、高野（2008）。

（8）AOKI (1988).

（9）青木・奥野（1996）、岡崎・奥野（1993）。

（10）PARENTE & PRESCOTT (2000).

（11）MOKYR (1990, 2000).

第八章

（1）日本の長寿企業については、日本経済新聞社（2010, 2012, 2013）、帝国データバンク史料館・産業調査部（2009）などが分かりやすくまとめています。

（2）YAMAGUCHI, NITTA, HARA, & SHIMIZU (2018).

（3）YAMAGUCHI, NITTA, HARA, & SHIMIZU (2018).

（4）COLE (1979).

（5）SHAPIRA & INTERNATIONAL RESEARCH GROUP ON R&D MANAGEMENT (1995).

（6）SATO (1995).

（7）榊原（1995）。

（8）詳しくは、清水（2016）を参照してください。
（9）JENG & WELLS (2000).
（10）BOZKAYA & KERR (2014).
（11）DA RIN, NICODANO & SEMBENELLI (2006).

第九章

（1）例えば、AGHION, ASKENAZY, BERMAN, CETTE, & EYMARD (2012).
（2）AGHION, BERGEAUD, CETTE, LECAT, & MAGHIN (2018).
（3）CABALLERO, HOSHI, & KASHYAP (2008).
（4）詳しくは、清水（2016）を見てください。
（5）GORDON (2012, 2016).
（6）COWEN (2011).
（7）National Science Foundation, National Center for Science and Engineering Statistics, Survey of Federal Funds for Research and Development. Science and Engineering Indicators 2018.
（8）藤原・青島（2016）。

第十章

（1）PIKETTY (2014).
（2）AUTOR, LEVY & MURNANE (2003).
（3）ACEMOGLU & AUTOR (2010).
（4）ACEMOGLU & RESTREPO (2018).
（5）GOOS & MANNING (2007).

（6）KOPYTOV, ROUSSANOV & TASCHEREAU-DUMOUCHEL（2018）.
（7）JAIMOVICH & SIU（2012）.
（8）MORIGUCHI（2010）.
（9）平均値は、極端に所得の高い世帯に引っ張られて、実際の感覚よりも高くなります。しかし、一世帯あたりの世帯所得の中央値（世帯を所得別に並べた時にちょうど真ん中にくる値）で見ても、同じ傾向が見られます。
（10）大竹（2005）。
（11）阿部（2015）。
（12）石井・樋口（2015）。
（13）ASANO, ITO & KAWAGUCHI（2011）.
（14）ただし、非正規雇用について議論するためには、実証的な研究の蓄積が求められます。一橋大学の神林龍さんは、実はそれほど正規雇用は減っておらず、自営業が非正規雇用に置き換わってきていると指摘しています（神林、2017）。
（15）例えば、新日本製鐵やトヨタ自動車、キヤノンといった日本を代表する企業の名経営者たちは「守るべき」であると強く主張していました。「企業内の雇用調整――新日本製鉄常務宮崎武氏（月曜経済観測）」『日本経済新聞』1987/07/20 朝刊 3ページ、「奥田流新・日本スタンダード、雇用創れぬ経営者失格――日経連セミナーで講演」『日経産業新聞』1999/08/06 16ページ。「点検国際競争力（6）キヤノン――利益成長にらみ投資、「真の優良企業」を目指す」『日本経済新聞』1998/01/13 朝刊 17ページ。
（16）この点は、慶應義塾大学の鶴光太郎さんも指摘しています（鶴、2010）。
（17）島貫（2017）。
（18）浅尾（2010）。
（19）例えば、大阪大学名誉教授の猪木武徳さんは、非正規雇用の内実を区別・分類し、それぞれの機能を見極める議論が必要だと指摘しています。「働き方改革論議の視点 「労働流動化」の絶対視 避けよ」『日本経済新聞』

2019/6/25 朝刊27ページ。

（20）詳しくは、石田・三輪（2011a）を参照してください。

（21）石田・三輪（2011b）。

（22）例えば、東京大学の社会学者の佐藤俊樹さんは、一九九〇年代以降、世代間の閉鎖性が強まっていると指摘しています。しかし、石田さんらは、そのデータと分析方法を丁寧にレビューし、この結果の解釈には慎重にならざるを得ない点を指摘しています（佐藤、2000）。

（23）Ibid.

（24）石田（2008）。

終章

（1）MAZZUCATO (2015).

（2）伊神（2018）。

（3）STEVENSON & JARILLO (1990).

（4）GRANOVETTER (1973).

ABERNATHY, W. J. 1978. *The Productivity Dilemma: Roadblock to Innovation in the Automobile Industry*, Baltimore, Johns Hopkins University Press.

ACEMOGLU, D. & AUTOR, D. 2010. "Skills, Tasks and Technologies: Implications for Employment and Earnings". *NBER Working Paper*, 16082.

ACEMOGLU, D. & RESTREPO, P. 2018. "The Race between Man and Machine: Implications of Technology for Growth, Factor, Shares and Employment". *American Economic Review*, 108, 1488–1542.

ADAMS, J. D., BLACK, G. C., CLEMMONS, R. J. & STEPHAN, P. E. 2005. "Scientific Teams and Institutional Collaborations: Evidence from U.S. Universities. 1981–1999". *Research Policy*, 34, 259–285.

AGHION, P., ASKENAZY, P., BERMAN, N., CETTE, G. & EYMARD, L. 2012. "Credit Constraints and the Cyclicality of R&D Investment: Evidence from France". *Journal of the European Economic Association*, 10, 1001–1024.

AGHION, P., BERGEAUD, A., CETTE, G., LECAT, R. & MAGHIN, H. 2018. "Coase Lecture- The Inverted-U Relationship between Credit Access and Productivity Growth". *Economica*, 86, 1–31.

AKERLOF, G. A. & SHILLER, R. J. 2009. *Animal Spirits: How Human Psychology Drives the Economy, and Why it Matters for Global Capitalism*, Princeton, Princeton University Press.（山形浩生訳『アニマルスピリット：人間の心理がマクロ経済を動かす』東洋経済新報社、二〇〇九年）

ALLEN, R. C. 2009. *The British Industrial Revolution in Global Perspective*, Cambridge; New York, Cambridge University Press.（眞嶋史叙他訳『世界史のなかの産業革命：資源・人的資本・グローバル経済』名古屋大学出版会、二〇一七年）

ANDERSON, B. S., KREISER, P. M., KURATKO, D. F., HORNSBY, J. S., & ESHIMA, Y. 2015. "Reconceptualizing Entrepreneurial Orientation". *Strategic Management Journal*, 36, 1579–1596.

AOKI, M. 1988. *Information, Incentives, and Bargaining in the Japanese Economy*, Cambridge; New York, Cambridge University Press.（永易浩一訳『日本経済の制度分析：情報・インセンティブ・交渉ゲーム』筑摩書房、一九九二年）

ARTHUR, W. B. 2009. *The Nature of Technology: What it Is and How it Evolves*. New York, Free Press.（日暮雅通訳『テクノロジーとイノベーション：進化／生成の理論』みすず書房、二〇一一年）

ASANO, H., ITO, T. & KAWAGUCHI, D. 2011. "Why Has the Fraction of Contingent Workers Increased? A Case Study of Japan". *RIETI Discussion Paper*, 11-E-021.

ÅSTEBRO, T., BRAUNERHJELM, P., & BROSTRÖM, A. 2013. "Does Academic Entrepreneurship Pay?" *Industrial and Corporate Change*, 22, 281–311.

AUTOR, D. H., LEVY, F. & MURNANE, R. J. 2003. "The Skill Content of Recent Technological Change: An Empirical Exploration". *Quarterly Journal of Economics*, 118, 1279–1333.

BASKIN, J. B. & MIRANTI Jr., P. J. 1997. *A History of Corporate Finance*, Cambridge; New York, Cambridge University Press.

BAUMOL, W. J. 1968. "Entrepreneurship in Economic Theory". *American Economic Review*, 58, 64–71.

BERNSTEIN, W. J. 2004. *The Birth of Plenty: How the Prosperity of the Modern World was Created*, New York, McGraw-Hill.（徳川家広訳『「豊かさ」の誕生：成長と発展の文明史』日本経済新聞社、二〇〇六年）

BOLT, J. & VAN ZANDEN, J. L. 2014. "The Maddison Project: Collaborative Research on Historical National Accounts". *Economic History Review*, 67, 627–651.

BOZKAYA, A. & KERR, W. R. 2014. "Labor Regulations and European Venture Capital". *Journal of Economics and Management Strategy*, 23, 776–810.

BUENSTORF, G., NIELSEN, K., & TIMMERMANS, B. 2017. "Steve Jobs or No Jobs? Entrepreneurial Activity and Performance among Danish College Dropouts and Graduates." *Small Business Economics*, 48, 179–197.

BUSHEE, B, J. 1998. "The Influence of Institutional Investors on Myopic R&D Investment Behavior". *Accounting Review*, 73, 305–333.

CABALLERO, R. J., HOSHI, T. & KASHYAP, A. K. 2008. "Zombie Lending and Depressed Restructuring in Japan". *American Economic Review*, 98, 1943–1977.

CAIN, P. J. & HOPKINS, A. G. 1993a. *British Imperialism: Crisis and Deconstruction, 1914–1990*, London; New York, Longman.（木畑洋一他訳『ジェントルマン資本主義の帝国Ⅱ：危機と解体 1914–1990』名古屋大学出版会、一九九七年）

CAIN, P. J. & HOPKINS, A. G. 1993b. *British Imperialism: Innovation and Expansion, 1688–1914*, London; New York, Longman.（竹内幸雄他訳『ジェントルマン資本主義の帝国Ⅰ：創生と膨張 1688–1914』名古屋大学出版会、一九九七年）

CAMERON, R. E. & NEAL, L. 2003. *A Concise Economic History of the World: from Paleolithic Times to the Present*, New York, Oxford University Press.（酒田利夫他訳『概説世界経済史（１・２）』東洋経済新報社、二〇一三年）

CHEN, C., CHEN, Y., Hsu, P. & PODOLSKI, E. J. 2016. "Be Nice to Your Innovators: Employee Treatment and Corporate Innovation Performance." *Journal of Corporate Finance*, 39, 78–98.

CHRISTENSEN, C. M. 1997. *The Innovator's Dilemma: When New Technologies Cause Great Firms to Fail*, Boston, Mass, Harvard Business School Publishing.（伊豆原弓訳『イノベーションのジレンマ：技術革新が巨大企業を滅ぼすとき　増補改訂版』翔泳社、二〇〇一年）

CLARK, G. 2007. *A Farewell to Alms: A Brief Economic History of the World*, Princeton, Princeton University Press.（久保恵美子訳『10万年の世界経済史』（上下）日経ＢＰ社、二〇〇九年）

COLE, R. E. 1979. *Work, Mobility, and Participation: A Comparative Study of American and Japanese Industry*, Berkeley, University of California Press.

COWEN, T. 2011. *The Great Stagnation: How America Ate All the Low-Hanging Fruit of Modern History, Got Sick, and Will (Eventually) Feel Better*, New York, Dutton.（池村千秋訳『大停滞』ＮＴＴ出版、二〇一一年）

CRAFTS, N. 2005. "The First Industrial Revolution: Resolving the Slow Growth/Rapid Industrialization Paradox". *Journal of the European Economic Association*, 3, 525–534.

DA RIN, M., NICODANO, G. & SEMBENELLI, A. 2006. "Public Policy and the Creation of Active Venture Capital Markets". *Journal of Public Economics*, 90, 1699–1723.

DAVID, P. A. 1990. "The Dynamo and the Computer: An Historical Perspective on the Modern Productivity Paradox". *American Economic Review*, 80, 355–361.

DIAMOND, J. 1997. *Guns, Germs, and Steel: The Fates of Human Societies*, New York, W. W. Norton & Co.（倉骨彰訳『銃・病原菌・鉄（上下）』草思社、二〇一二年）

DUVAL, R. A., HONG, G. H. & TIMMER, Y. 2017. "Financial Frictions and the Great Productivity Slowdown". *IMF Working Paper*, 17/129.

FONTANA, R., NUVOLARI, A., SHIMIZU, H. & VEZZULLI, A. 2013. "Reassessing Patent Propensity: Evidence from a Dataset of R&D Awards, 1977–2004". *Research Policy*, 42, 1780–1792.

GOOS, M. & MANNING, A. 2007. "Lousy and Lovely Jobs: The Rising Polarization of Work in Britain". *Review of Economics and Statistics*, 89, 118–133.

GORDON, R. J. 2012. "Is U. S. Economic Growth Over?: Faltering Innovation Confronts the Six Headwinds". *NBER Working Paper*, 18315.

GORDON, R. J. 2016. *The Rise and Fall of American Growth: The U. S. Standard of Living since the Civil War*. Princeton, Princeton University Press.（高遠裕子他訳『アメリカ経済：成長の終焉』（上下）日経ＢＰ社、二〇

一八年）
GRANOVETTER, M. S. 1973. “The Strength of Weak Ties”. *American Journal of Sociology*. 78, 1360–1380.
GREIF, A. 2006. *Institutions and the Path to the Modern Economy: Lessons from Medieval Trade*, Cambridge; New York, Cambridge University Press.（有本寛他訳『比較歴史制度分析』ＮＴＴ出版、二〇〇九年）
HAYASHI, F. & PRESCOTT, E. C. 2002. “The 1990s in Japan: A Lost Decade”. *Review of Economic Dynamics*, 5, 206–235.
HOUNSHELL, D. A. 1984. *From the American System to Mass Production, 1800–1932: The Development of Manufacturing Technology in the United States*, Baltimore, Johns Hopkins University Press.（和田一夫他訳『アメリカン・システムから大量生産へ：1800–1932』名古屋大学出版会、一九九八年）
JAIMOVICH, N. & SIU, H. E. 2012. “The Trend is the Cycle: Job Polarization and Jobless Recoveries”. *NBER Working Paper*, 18334.
JENG, L. A. & WELLS, P. C. 2000. “The Determinants of Venture Capital Funding: Evidence across Countries”. *Journal of Corporate Finance*, 6, 241–289.
JORGENSON, D. W. & MOTOHASHI, K. 2005. “Information Technology and the Japanese Economy”. *NBER Working Paper*, 11801.
KEYNES, J. M. 1936. *The General Theory of Employment, Interest and Money*, London, Macmillan.（塩野谷祐一訳『雇用・利子および貨幣の一般理論』東洋経済新報社、一九九五年）
KOPYTOV, A., ROUSSANOV, N. & TASCHEREAU-DUMOUCHEL, M. 2018. “Short-Run Pain, Long-Run Gain? Recessions and Technological Transformation”. *Journal of Monetary Economics*, 97, 29–44.
KUZNETS, S. 1955. “Economic Growth and Income Inequality”. *American Economic Review*, 45, 1–28.
LUMPKIN, G. T. & DESS, G. G. 1996. “Clarifying the Entrepreneurial Orientation Construct and Linking It to Performance”. *Academy of Management Review*, 21, 135–172.

MAZZUCATO, M. 2015. *The Entrepreneurial State: Debunking Public vs. Private Sector Myths*, New York, PublicAffairs.（大村昭人訳『企業家としての国家：イノベーション力で官は民に劣るという神話』薬事日報社、二〇一五年）

MOKYR, J. 1985. *The Economics of the Industrial Revolution*, Totowa, Rowman & Allanheld.

MOKYR, J. 1990. *The Lever of Riches: Technological Creativity and Economic Progress*, New York, Oxford University Press.

MOKYR, J. 2000. "Innovation and its Enemies: The Economic and Political Roots of Technological Inertia". *In*: OLSON, M. & KÄHKÖHNEN, S. (eds.) *A Not-So-Dismal Science: a Broader View of Economies and Societies*. Oxford; New York: Oxford University Press.

MOKYR, J. 2017. *A Culture of Growth: The Origins of the Modern Economy*, Princeton, Princeton University Press.

MORIGUCHI, C. 2010. "Top Wage Incomes in Japan, 1951–2005" *Journal of the Japanese and International Economies*, 24, 301–333.

MURAYAMA, K., NIREI, M. & SHIMIZU, H. 2015. "Management of Science, Serendipity, and Research Performance: Evidence from a Survey of Scientists in Japan and the U. S.". *Research Policy*, 44, 862–873.

NICHOLAS, T. & SHIMIZU, H. 2013. "Intermediary Functions and the Market for Innovation in Meiji and Taishō Japan". *Business History Review*, 87, 121–149.

NORTH, D. C. 1990. *Institutions, Institutional Change and Economic Performance*, Cambridge; New York, Cambridge University Press.（竹下公視訳『制度・制度変化・経済成果』晃洋書房、一九九四年）

NORTH, D. C. 2005. *Understanding the Process of Economic Change*, Princeton, Princeton University Press.（水野孝之他訳『ダグラス・ノース制度原論』東洋経済新報社、二〇一六年）

PARENTE, S. L. & PRESCOTT, E. C. 1994. "Barriers to Technology Adoption and Development". *Journal of Po-

litical Economy, 102, 298–321.

PARENTE, S. L. & PRESCOTT, E. C. 2000. *Barriers to Riches*, Cambridge, Massachusetts, MIT Press.

PEEK, J. & ROSENGREN, E. S. 2005. "Unnatural Selection: Perverse Incentives and the Misallocation of Credit in Japan". *American* (Economic Review), 95, 1144–1166.

PIKETTY, T. 2014. *Capital in the Twenty-First Century (English Edition)*, Cambridge, Massachusetts, The Belknap Press of Harvard University Press.（山形浩生他訳『21世紀の資本』みすず書房、二〇一四年）

POPPER, K. R. 1963. *Conjectures and Refutations; the Growth of Scientific Knowledge*, London, Routledge and K. Paul.（藤本隆志他訳『推測と反駁：科学的知識の発展』法政大学出版局、二〇〇九年）

ROSENBERG, N. 1982. *Inside the Black Box: Technology and Economics*, Cambridge; New York, Cambridge University Press.

SATO, H. 1995. "Corporate Careers of R&D Personnel". *In*: SHAPIRA, P. & INTERNATIONAL RESEARCH GROUP ON R&D MANAGEMENT. (eds.) *The R&D Workers: Managing Innovation in Britain, Germany, Japan, and the United States*, Westport, Connecticut: Quorum Books.

SCHUMPETER, J. A. 1942. *Capitalism, Socialism and Democracy*, New York, London, Harper & Brothers.（大野一訳『資本主義、社会主義、民主主義』（Ⅰ・Ⅱ）日経ＢＰ社、二〇一六年）

SHAPIRA, P. & INTERNATIONAL RESEARCH GROUP ON R&D MANAGEMENT. 1995. *The R&D Workers: Managing Innovation in Britain, Germany, Japan, and the United States*, Westport, Connecticut, Quorum Books.

STEVENSON, H. & JARILLO, J. C. 1990. "A Paradigm of Entrepreneurship: Entrepreneurial Management". *Strategic Management Journal*, 11, 17–27.

TUSHMAN, M. L. & ANDERSON, P. 1986. "Technological Discontinuities and Organizational Environments". *Administrative Science Quarterly*, 31, 439–465.

UTTERBACK, J. M. & ABERNATHY, W. J. 1975. “A Dynamic Model of Process and Product Innovation”. *Omega*, 3, 639–656.
YAMAGUCHI, S., NITTA, R., HARA, Y. & SHIMIZU, H. 2018. “Staying Young at Heart or Wisdom of Age: Longitudinal Analysis of Age and Performance in US and Japanese Firms”. *IIR Working Paper*, WP#18–41.
青木周平　二〇一〇「現代のマクロ経済理論から見た日本経済の成長と停滞の原因」『一橋ビジネスレビュー』58-2, 32–43.
青木昌彦・奥野正寛編著　一九九六『経済システムの比較制度分析』東京大学出版会
浅尾裕　二〇一〇「正規・非正規間の賃金格差から賃金を考える」『ビジネス・レーバー・トレンド』、7月号、38–44.
阿部彩　二〇一五「貧困率の長期的動向：国民生活基礎調査1985〜2012を用いて」貧困統計ホームページ
阿部武司・中村尚史編著　二〇一〇『産業革命と企業経営—1882〜1914』ミネルヴァ書房
伊神満　二〇一八『「イノベーターのジレンマ」の経済学的解明』日経BP社
生稲史彦　二〇一二『開発生産性のディレンマ：デジタル化時代のイノベーション・パターン』有斐閣
石井加代子・樋口美雄　二〇一五「非正規雇用の増加と所得格差：個人と世帯の視点から：国際比較に見る日本の特徴」『三田商学研究』58-3, 37–55.
石井寛治　二〇一二『日本の産業革命：日清・日露戦争から考える』講談社学術文庫
石田浩　二〇〇八「世代間階層継承の趨勢：生存分析によるアプローチ」『理論と方法』23, 41–63.
石田浩・三輪哲　二〇一一ａ「社会移動の趨勢と比較」石田浩・近藤博之・中尾啓子編『現代の階層社会2　階層と移動の構造』東京大学出版会
石田浩・三輪哲　二〇一一ｂ「上層ホワイトカラーの再生産」石田浩・近藤博之・中尾啓子編『現代の階層社会2　階層と移動の構造』東京大学出版会
一般社団法人日本経済調査協議会　二〇一九『日本の強みを生かした「働き方改革」を考える』

岡崎哲二・奥野正寛編　一九九三『現代日本経済システムの源流』日本経済新聞社
大竹文雄　二〇〇五『日本の不平等：格差社会の幻想と未来』日本経済新聞社
小原敬士　一九六七「モーゼス・ブラウンとサミュエル・スレイター：アメリカ綿業史上の一問題」『一橋論叢』57, 237-258.
梶井純　一九九三『トキワ荘の時代：寺田ヒロオのまんが道』筑摩書房
神林龍　二〇一七『正規の世界・非正規の世界：現代日本労働経済学の基本問題』慶應義塾大学出版会
榊原清則　一九九五『日本企業の研究開発マネジメント：〝組織内同形化〟とその超克』千倉書房
佐藤俊樹　二〇〇〇『不平等社会日本：さよなら総中流』中公新書
島貫智行　二〇一七『派遣労働という働き方：市場と組織の間隙』有斐閣
清水洋　二〇一六『ジェネラル・パーパス・テクノロジーのイノベーション：半導体レーザーの技術進化の日米比較』有斐閣
白石さや　二〇一三『グローバル化した日本のマンガとアニメ』学術出版会
高野陽太郎　二〇〇八『「集団主義」という錯覚：日本人論の思い違いとその由来』新曜社
高野陽太郎・纓坂英子　一九九七「〝日本人の集団主義〟と〝アメリカ人の個人主義〟：通説の再検討」『心理学研究』68, 312-327.
武石彰・青島矢一・軽部大　二〇一二『イノベーションの理由：資源動員の創造的正当化』有斐閣
鶴光太郎　二〇一〇「企業の視点からみた有期雇用の増大――その背景、影響及び対応について――」『組織科学』44, 4-15.
帝国データバンク史料館・産業調査部　二〇〇九『百年続く企業の条件：老舗は変化を恐れない』朝日新書
夏目房之介　一九九五『手塚治虫の冒険：戦後マンガの神々』筑摩書房
新田隆司　二〇一八『知識移転とイノベーションのパターン：日米化学繊維企業の歴史分析』一橋大学大学院商学研究科修士論文

西成活裕　二〇〇六『渋滞学』新潮選書
日本経済新聞社編　二〇一〇『200年企業』日本経済新聞出版社
日本経済新聞社編　二〇一二『200年企業Ⅱ』日本経済新聞出版社
日本経済新聞社編　二〇一三『200年企業Ⅲ』日本経済新聞出版社
一橋大学イノベーション研究センター編　二〇一七『イノベーション・マネジメント入門（第2版）』日本経済新聞出版社
深尾京司　二〇一二『「失われた20年」と日本経済：構造的原因と再生への原動力の解明』日本経済新聞出版社
藤原雅俊・青島矢一　二〇一六「東洋紡：抜本的企業改革の推進」『一橋ビジネスレビュー』64, 124-141.
三平剛　二〇〇五「追い貸しと経済の生産性」『経済財政分析ディスカッション・ペーパー』DP/05-4.
三輪哲　二〇〇八「キャリア軌跡からみる世代間移動機会の不平等とその趨勢」『理論と方法』23, 23-40.
山口翔太郎・清水洋　二〇一五「オリンパス：胃カメラとファイバースコープの開発」『一橋ビジネスレビュー』63, 100-113.
米倉誠一郎　一九九九『経営革命の構造』岩波新書

図版デザイン　松永レイ

新潮選書

野生化《やせいか》するイノベーション

日本経済《にほんけいざい》「失《うしな》われた20年《ねん》」を超《こ》える

著　者………………清水《しみず》 洋《ひろし》

発　行………………2019年8月20日

発行者………………佐藤隆信
発行所………………株式会社新潮社
〒162-8711 東京都新宿区矢来町71
電話　編集部 03-3266-5411
　　　読者係 03-3266-5111
https://www.shinchosha.co.jp
印刷所………………株式会社三秀舎
製本所………………株式会社大進堂

ISBN978-4-10-603845-7 C0334

アフター・ビットコイン
仮想通貨とブロックチェーンの次なる覇者
中島真志

日銀出身の決済システムの第一人者が「ビットコインの終焉」をいち早く予測。「次の覇権」をめぐり、各国のメガバンクや中央銀行が繰り広げる熾烈な競争を描く。

バリアバリュー
障害を価値に変える
垣内俊哉

障害は人ではなく、環境にある――この小さな気づきが、4000万人市場を生み出した。急成長ユニバーサルデザインの旗手が、その劇的な半生と「反転戦略」を語る。

ユニクロ思考術
柳井正・監修

快進撃の秘訣は、常識を覆す思考術にあった！最前線で働くキーマンたちが、その仕事力の要諦を惜しげなく公開する。既成概念を打ち破り、考える力を鍛える必読書。

NETFLIX コンテンツ帝国の野望
GAFAを超える最強IT企業
ジーナ・キーティング
牧野洋訳

動画配信で世界一位。アマゾン、グーグル巨大IT勢を脅かすネットフリックスの知られざる創業秘話から、最先端技術で世界を席巻するまでの壮大なドラマを描く。

宇宙の覇者 ベゾスvsマスク
クリスチャン・ダベンポート
黒輪篤嗣訳

テクノロジーで世界を変革してきた二人の無敵の経営者は、なぜ宇宙を目指すのか？ インターネット後の覇権を賭けて人類最後のフロンティアに挑む二人の熱き闘い。

21世紀の戦争と平和
徴兵制はなぜ再び必要とされているのか
三浦瑠麗

国際情勢が流動化し、ポピュリズムが台頭する中で、いかに戦争を抑止するか。カントの『永遠平和のために』を手掛かりに、民主主義と平和主義の再強化を提言する。